鬼の変貌からさぐる日本文化論

―「もの」重視とメランジュこそ日本文化の基底―

千坂げんぽう

樹木葬からの発信（上）文化篇

目次

序　章

はじめに

　筆者は日本初の樹木葬墓地を１９９９年に岩手県一関市で始めた臨済宗の僧侶であるが、父親が健在のときには仙台市の短期大学で教鞭を執っていた。研究者としては、日本中世の禅宗僧侶による漢詩文（五山文学と総称される）を対象としていた。その成果として『五山文学の世界　虎関師錬と中巌円月を中心に』（白帝社　２００２）を出版している。

　このような文系の研究者兼お盆だけ檀家まわりをする僧侶に過ぎなかったが、父親が病気で一関市臨済宗祥雲寺住職の仕事ができなくなった１９８３年から仙台の教職を続けながら、祥雲寺の葬式・法要・会計などを始め、翌年、父親の死去以降、退任する２０１４年３月まで住職を務めた。

　一方、樹木葬墓地を管理する知勝院住職は２０１１年に退任し、２００９年に発足した

「自然再生推進法」という法律に基づく法定協議会「久保川イーハトーブ自然再生協議会」を立ちあげ、会長として知勝院墓地を含む周辺地域の自然再生事業に取り組み、側面から知勝院を支える働きをしている。

このような経歴で明らかなように、筆者の頭の中では、研究者として培った既存の常識にとらわれてばかりでは新しい発見はできないという研究姿勢及び分析力と、樹木葬墓地の経営で学んだ生態系の複雑さが目まぐるしく交錯している。その脳内の複雑系（これは筆者がＡＤＨＤ・注意欠陥多動性障害であったことと関係しているらしい）を手掛かりに、生態系という複雑系をどう活用して地域の活性化に繋げるかが現在の課題である。

その課題追求の中で、自然と向き合い自然再生という実践を積んでくると、いろいろな分野の専門家といわれる研究者が、自然の複雑系と向き合わないため視点の狭い時間・空間に縛られ、動的な重層性や複雑系を理解していないと感じることが多くなった。その典型が「オニ」に関する民俗学者の見解と各分野からの日本人論である。

日本文化の特徴や日本人論の著作は数多い。その中でも「オニ」研究は、日本文化を解明するためには重要な分野である。そこで、「オニ」を考えることがどうして日本（人）論につながるのか、そのみなもとを振り返り本質にせまっていきたい。

14世紀禅僧が捉えていた中国文化と日本文化の特性

筆者がおもに研究対象とした鎌倉時代末期から南北朝時代にかけての臨済宗の僧虎関師《こかんし》錬《れん》と中巌円月《ちゅうがんえんげつ》は、五山文学を語るうえでもっとも代表的な二人であり、個性的な禅僧である。虎関師錬（1278～1346）は日本初の僧史『元亨釈書《げんこうしゃくしょ》』を著した。もう一人は詩文集『東海一漚集《いちおう》』に見られる漢詩の面で評価が高い中巌円月（1300～1375）である。二人とも博識であり王朝文化を尊重する点では共通するが、中国文化に対する考え方は全く対蹠《たいしょ》的である。

虎関師錬は、『日本霊異記《にほんりょういき》』上巻第4に載る片岡村で出会って他所で死んだ乞食を聖徳太子が聖人であることを見破ったとされる「片岡山伝説」を信じており、こういった聖人による奇跡が多いことを日本の誇るべき点とみている。

さらに虎関師錬は唐代の古文復興運動で知られる文豪韓愈《かんゆ》（768～824）を廃仏論者にもかかわらず高く評価している。なぜなら韓愈は宋代儒学が確立した「道統《どうとう》思想」（上古から後代に連綿と続く聖賢の流れを重視する考え）の先駆けとなっており、その点を虎関は得難いとしているからであった。虎関は、中国と日本との比較で、日本では血筋が変わらず続いている天皇家の存在が何より尊いと考えたように、聖なる存在が続くことを何より重視した。したがって、廃仏は現代でいわれている「万世一系」的思想（この言葉は明治以降強調された語句）の重要性に比べれば問題ではないとしたのである。まさに現代にもつながる国粋的な思考の禅僧であった。

一方、中巌円月は正中2年（1325）26歳で入元、元弘2年（1332）に帰朝した。7年間、中国（元朝）で修業したことから、天皇を中心とする体制を尊重しているが、武家から主導権を取り戻すためにも優れた中国文化を取り入れるべきことを『易』などを引用して主張した。

二人の活躍した時代は、中巌が帰朝した翌年元弘3年（1333）に鎌倉幕府滅亡、翌年後醍醐天皇による親政（いわゆる建武の中興）、そして足利尊氏の叛、南北朝時代の開始、足利義満による南北朝の統一と目まぐるしく変転したときであった。

当時の寺社は政治と密接にかかわっていて、とくに禅僧は中国や朝鮮半島の国々との交渉や貿易に関与するので、国際情勢を含む時流に敏感にならざるを得なかった。

しかし、それ以外の時代でも大きな社会的変動期では変化に敏感な宗教者が出現し、新しい宗教運動を起こしたことはよく知られている。鎌倉時代に鎌倉新仏教といわれる臨済宗、曹洞宗の禅宗、浄土思想から生まれた浄土宗、浄土真宗、法華経を重視する思想から生まれた日蓮宗などはとくに有名であるが、江戸時代末から明治にかけてと、第2次世界大戦での敗戦（1945年）を挟む前後などで、新興宗教が多く成立したことも身近な例として挙げることができる。14世紀でも同様だった。

現代は、タレントのタモリが2023年に、今後の日本の展望について聞かれたときに「新しい戦前になるんじゃないですかね。」と発言したように、多くの国民が何かしらの大きな変動が起こりつつあると予感し、漠然とした不安を持つ人が増えている時代になってきたと思われる。

このような茫漠とした不安が底流に存在している時代に〝「鬼」のことを考察するなんて〟と思われる人も多いかもしれない。しかし、虎関師錬、中巌円月の時代と同様、私たちも大きな変動期に生きていると感じるならば、「彼らの生きた時代の前後はどのような社会状況だったのか？」「とくに民俗学で常民《じょうみん》（普通の人民、一般の民）といわれる人々の意識はどのようだったのか？」「社会不安の実態はどのようだったか？」「天皇のあり方と寺社や武家との関係はどのようだったのか？」などの問題意識は、現代の私たちに語りかけるのではなかろうか。

「鬼」のあり方は、時代の変わり目に大きく脱皮して現在に至っているので、宗教の変動と同様、種々の時代層を重層的に捉えるためには格好の素材となっているのである。

樹木葬墓地の実践から見えてくる葬送文化と日本文化の特徴

筆者は平成11年（1999）、墓石の代わりに在来種の低木を使う日本初の自然公園型「樹木葬墓地」知勝院を岩手県一関市に開設し、それ以降、里地里山の自然と毎日触れ合っている。そうすると自然を通して日本人が培ってきた日本人の感性や意識の通底に思いを馳せるようになってきた。

知勝院が始めた樹木葬墓地は、荒れた里地里山で自然再生を行い、全体を自然公園にしようとしている。墓地を開設した頃は、東京郊外で自然破壊による墓地造成が盛んな一方、地方の里山や寺院裏山は人手不足や高齢化のため荒廃していた。宗教者として、また地域づくりを実践していた立場からも「自然破壊」と「自然荒廃」などに無関心な葬送関係者に疑問を感じ、自らが何らかの対応をとる必要があると考えたのが樹木葬墓地実践の契機となった。

「樹木葬墓地」を商標登録しなかったのは、荒廃している裏山を持つ寺院があとに続いて自然再生することを期待したからである。ところが、現在（2024年現在、北海道大学上田裕文准教授調べ）1千をこえる全国の「樹木葬墓地」を名乗る所で、森や林を利用する所は10カ所あまりしかないという。この事実は、商業主義にまみれた葬送関係業界のあり方を示している。

おそらく乱立する業者主体（名義上は宗教法人になっているが、実質的に業者が経営していることが多い）の樹木葬墓地は、土地利用や昔からの檀家との関係などで問題を起こして淘汰されてくるであろう。しかし、知勝院の理念と全く異なり、自然を考慮しない「亜流樹木葬墓地」でも、それを求める人々が多いことは、既成仏教寺院が寄辺《よるべ》とする檀家制度が曲り角に差しかかっていることを示していると思われる。

現在の葬送文化論や日本人論では生き方との関連づけが弱い

日本においては死者と生者の距離が近いことは民俗学をはじめとして各分野から指摘されている。それは集団的作業を必要とする稲作中心の社会的特徴から、死者儀礼が重要な位置を占めざるを得ないためである。その上、江戸時代から受け継がれてきた檀家制による意識が根強く残っている（とくに地方で）ことが、既成仏教寺院の時流の変化に対する鈍感さを生み出している。

日本人の国民性確立の背景には、日本が置かれている自然環境とのかかわりが大きい。日本の自然条件は日本海と太平洋に囲まれた島国という条件のおかげで豊かな自然（生態系の多様性、生物多様性の高さ）に恵まれている。そして自然の恵み（海や川の幸の享受かあるいは山の幸に恵まれているかなど）は、日照、雨量、気温などがどの程度かで個性化が生まれ、各地で独特の食生活と生活習慣が生まれてきた。

日本人のグルメ好きや旅好きの心性は、このような日本の自然からもたらされた恵み（現在では国際的に生態系サービスという）と無関係ではない。

そして生き方の差は死者の扱い、すなわち葬送儀礼の差にも繋がってきている。そのため各地の民俗を知るには、それぞれの地方の自然から得られる食材や生活道具といった「物」に着目しなければならないはずである。それを指摘した江戸時代の荷田春満《かだのあずままろ》（1669〜1730）のような人物もいたが、残念ながら現在の民俗学、考古学、日本史、宗教学いずれにおいても自然とのかかわりで俯瞰《ふかん》して日本人論と切り結ぶ点が弱く、その問題点については少数の研究者からではあるが指摘され始めている。この点は第二章以下で後述する。

中国文化とのかかわり

古代から中世にかけて日本列島に暮らしていた人々は島国ゆえに文明度の高い当時の先

進国中国からの文化流入においてもワン・クッションを置くことができ、日本の自然や生活習慣と合うかどうかをかなりの程度勘案《かんあん》して中国文化を取捨選択してきた。陸続きで中国文化が直接流入した朝鮮半島の国々とは著しく状況が異なるのである。

例えば科挙《かきょ》（中国で古くから行われた官吏登用の試験制度）や宦官《かんがん》（中国の宮廷で仕えた去勢された男性）などは取り入れなかったし、『孟子』を乗せた船は難破するなどの言い伝えが広まるほど貴種の血すじにこだわり易姓革命《えきせいかくめい》を忌避したことなどは、島国ゆえにできたことだった。このような島国で自然の恵みに富むという日本の特徴から生まれた代表格が、現代につながる「鬼《おに》」の形象だった。

「鬼」は中国では死者や死者の霊を指すが、有名な『論語』雍也《ようや》第6の「民の義を務め、鬼神を敬して此れを遠ざく。知と謂う可《べ》し。」のように「鬼」の字が単独で使われることは多くない。該博《がいはく》な中国語の知識がない筆者にとって詳説はできにくいが、仏教と結びついた「餓鬼《がき》」のほか疫病をもたらす原因と考えられた死者の霊を「悪鬼」「疫鬼《えきき》」「瘧鬼《ぎゃくき》」「瘟鬼《をんき》」（奈良時代以前は「をんき」と聞きなしたが、平成時代中期以降は「おんき」となるので、以下の表記は「おんき」とする）などと複合語として使う方が一般的なことは明白である。また近時でも蔑視の言葉として、日本人には「東洋鬼」、西欧人には「洋鬼」などと使っていた。

「鬼」が日本と関連して文献に記載されるのは3世紀の『魏志倭人伝《ぎしわじんでん》』（『三国志』魏書第

30巻）で、卑弥呼が「鬼道」を行ったという倭人伝の記事である。その500年後の8世紀になると、日本でも『日本霊異記』『万葉集』『古事記』『日本書紀』などに続々と単独の「鬼」表記が出てくる。しかし、『万葉集』では一部に「しこ」と読む以外ほとんど「もの」と読む。

その後、10世紀になると「おに」表記になり、宮廷での追儺《ついな》（おにやらい、炒り大豆の鬼打ち豆をまく行事）が公家などに広がり、現在行われている節分の豆まきにつながってくる。

このように中国の死者の霊を意味する「鬼（キ）」は、日本において「もの」から「おに」に読みが変わった。さらに14世紀以降は、「鬼門」と密接に関係する「おに」が出現し、牛の角をはやし虎の皮を身につけた姿に造形化された。この日本的「おに」の成立までの長い期間に、権力者や常民の穢《けが》れや祟《たた》りに対する対応は緩やかであるが大きく変化を見せている。したがって中国文化の影響、日本人の意識の変化、日本人に通底する感性や意識などの成立などを追究するために「鬼」を俎上《そじょう》にあげるのは大変意義があるといえる。

動的重層性や複雑系を考慮した日本文化論を

日本民俗学確立に貢献した柳田國男《やなぎたくにお》は、仏教や道教などの中国文化に影響されていない日本人の純粋な祖霊観などにこだわったため、かえって日本人の動的かつ重層的な思考による人々の生活を見落としがちになったといわれる。その欠点を指摘ないし克服する形で実践や研究をした人物に南方熊楠《みなかたくまぐす》や高取正男、桜井徳太郎などがいる。彼らが示した日本文化の重層性や多様性の指摘や実践については第二章以下で詳述する。

日本人は他国に比し圧倒的に多様性に富む自然とそれに由来する社会の多様性を持つ。そこで筆者は民俗学や日本史研究者の驥尾《きび》に付しながら、浅学であるが今まで積みあげられてきた諸分野の知見を借り、先人の研究に不足しがちであったと思われる点について、「鬼」を中心素材とし、自然と共生して築きあげてきた日本人の感性、思考方法について仮説を含めて私見を紹介する。

筆者の基本的立場は、あくまで自然再生実践者としてである。その上で、樹木葬墓地の実践を通して知り合った韓国人、フランス人、米国人、英国人との交流で培《つちか》った知見の積み重ねが今回の小冊子発行動機となったことを述べておく。

第一章　「鬼」研究における問題点

実証性に欠けていた民俗学の問題点

中国において「鬼」（guǐ）は、古代だけでなく現在でも死者の霊を指す。その言葉が日本に移入されると、次第に日本化の道を歩み、人を食う恐ろしい存在と、秋田の「なまはげ」に見られる人に恩恵を与える「まれびと」的な存在などの多面性を持つようになった。

そのため「鬼」にかかわる研究は複雑化し、民俗学（宗教民俗学も含む）、国文学、日本史、人類学など多方面の研究者が追究する素材となり、多くの著述が発表されている。その研究の進展を促したのは民俗学を確立させた柳田國男《やなぎたくにお》であり、先祖を重視した祖霊観のみならず怨霊《おんりょう》観、御霊《ごりょう》思想などを深める端緒も作ったといえる。また折口信夫《おりくちしのぶ》は巫女《みこ》や呪詛《じゅそ》を中心とした研究で祖霊観や文学の成立過程をも深めた。これら先学の汗牛充棟《かんぎゅうじゅうとう》の研究成果のおかげで、直接民俗学にかかわらず14世紀禅僧の漢詩文を対象とした筆者でも、14世紀前後の農民など被支配者を含めた時代の雰囲気を知ることができるのは大変有難いことである。

しかし、中国文化や仏教の影響を剥《は》がした先に、日本古来の祖先信仰や日本独特の文学発生を見てきた傾向の強い民俗学には大きな疑問を感じざるを得ない。さらに現代の民俗と古代、中世に関する少ない文献から、ストレートに古代、中世の民俗を推定することには限界がある。これらの問題点については、民俗学者からの指摘も出ている。桜井徳太郎は『霊魂観の系譜』（講談社学術文庫　1989）で地方民俗学研究者一志茂樹《いっししげき》の声を紹介している。

どうも民俗学者は、科学としての民俗学の樹立に努力を傾倒してきたとは思われない。研究の志向や論旨のすすめ方が恣意《しい》的で客観化が行われないから、その論文も随筆の域を出ないで終わっている。（229頁）

柳田が郷土研究の目的を郷土の持ってゐる性格とか、個性とか、あるいは郷土の実態とかを究めることにおかないのは、柳田がこれから生み出さうとする学問のために、鬼になってさういうことをおっしゃったのだと思ふのでありますが、一面、わたしどものいふ郷土研究を認めることのできなかった狭量といひますか、その学問的立場を理解されなかった

一面があった。（230頁）

一志茂樹などの批判を引いたあと、桜井徳太郎自身も柳田の問題点を述べる。

たしかに地域研究、郷土研究はするけれども、どちらかというと、必要とする資料、素材を地域社会全体の生きた力動的生活実態から抽《ひ》きぬいてきて、立論の俎上にのせる。したがって、そのために利用する素地や資料の多くは、ずたずたに切断されて、ことごとくが生命を失った躯《むくろ》に化してしまう。死滅した断片材料をいかに苦心して操作構成したところで、もはや旧のままの生きた生命態にもどすことはできない。（234頁）

桜井徳太郎は『霊魂観の系譜』にある「のろいの人形―古代人の霊魂信仰―」で、「われわれはそうした後世の解説（筆者注：のろい釘は呪詛《じゅそ》で対象を呪い殺すためとする一般的説に対して、桜井は呪詛されて死んだ霊が遊離することを禁じるための禁封呪法《きんぷうじゅほう》とする）に拘泥《こうでい》してはならない。まず古代における本来の霊魂観を追究する必要がある。」（63頁）と述べ、科学的研究であることを重視した。その指摘はうなずけるが、彼の論の中には疑問を感じる点も多い。

「死後の霊魂はまだまだエネルギーがありあまっているためか、一カ所にじっととどまっていない。まことに荒々しくなまなましい。（中略）荒霊《あらたま》ともみられ荒々しく立ちまわる死霊の中でも、もっとも人びとの恐怖の的《まと》となるのは怨霊《おんりょう》であろう。怨霊の系譜をたどれば、呪詛の横行した古代までさかのぼることができる。」（73〜74頁）

桜井は、古代のたたる霊と中世以降のたたる霊を同じ「怨霊」という言葉で、論拠もなしに結びつけているが、いささか乱暴で実証性に欠ける。たたる霊として「御霊《ごりょう》」もある。桜井は怨霊から御霊への移り変わりを考えているが、そう単純には捉えられないのではないか。その問題点は、「怨霊」「御霊」の発生源を追究しないため安易な言葉の使用と推測に陥っていることである。

宗教民俗学者五来重《ごらいしげる》は、鬼の昔話から原型を探《さぐ》ろうとし『鬼むかし』（角川選書　1991）で、鬼の原型について次のように述べるが、これも実証性に欠ける粗い内容となっている。

鬼の昔話は、分類すれば実に多くの型になる。しかし、その原型は、死霊と祖霊が形象化されて鬼になったものである。そのとき死霊は、「鬼一口」型の人間を食べるという恐怖的鬼になり、祖霊は恐怖とともに恩寵を持った二面性の鬼になった。これに仏教の羅刹《らせつ》

鬼《き》や地獄の牛頭鬼《ごずき》、馬頭鬼《めずき》などが加わり、修験道の山伏や天狗とも結合して、多種多様な「鬼むかし」ができた。（17～18頁）

五来は、他の箇所（30頁）でも「鬼の原質が山神山霊であることが、鬼が山に籠るという概念のもとであった。」としている。しかし、鬼という言葉は中国で発生したのであり、死霊と山が最初から結びついていることは実証されていない。時代の経過とともに変化した過程を追わずに、日本における鬼の原質を簡単に結論づけるのは無理があるといえる。

漢字の音や漢字表記の成り立ちを軽視する研究の問題点

「鬼」にかかわる研究は、中国言語学、日本言語学の研究成果を取り入れないと「鬼」の変貌が見えてこない。日本語（以下和語と表記、発音は和音とする）としての「鬼」が当初「もの」と読まれ、のちに「おに」、さらに牛の角と虎の皮という具体物を身にまとう存在へと変化していく過程は後述する。

問題は、「おに」の語源を重要視しないために、「怨霊」や「御霊」などの性格を誤解しがちになる研究が多いことである。近時における「鬼」関係の著述（小山聡子『鬼と日本人の歴史』ちくまプリマー新書　２０２３）でもそのような傾向は改められていない。

承平年間《じょうへい》（９３１〜９３９）成立の源順《みなもとのしたごう》（平安中期の貴族、歌人　９１１〜９８３）編の百科事典『倭名類聚抄《わみょうるいじゅしょう》』（以下『和名抄』と略）では、「鬼」の和名（日本での呼び方）は「於爾《おに》」とし、鬼が物に隠れて形を顕わさないことを欲するので「隠」の字が訛《なま》って「おに」と発音されるようになったのだとする説が紹介されている。ただし、この説が正しいかどうかは分からない。鬼は、中国語で「瘟疫《うんえき》」（流行性の熱病）の原因だとされていたことから、近年、「おに」の語源は「瘟鬼」からきているとする説も出されている。（山口建治「オニ（於邇）の由来と『儺』」小山聡子30頁）（筆者注：ただし瘟をウンと読むのは誤植であろう、ヲンあるいはオンと読むべき）

小山聡子は山口建治の論文「オニ（於邇）と『儺』」（岩波書店『文学』11・12月号、２００１）で示された説（『和名抄』の「隠」字がなまって鬼になったという説を否定している）を見て、『和名抄』説と山口建治説を並列的に紹介しただけに終わっている。これは鬼に関する通史的な解説本なのでやむを得なかったかもしれない。しかし、山口建治の他の論文「『和名抄』のオニ（於邇）――「オニ（於邇）の由来と『儺』補説――」を俎上にあげて鬼の語源説に迫れば、「日本でモノノケなどがしばしば鬼の姿で思い描かれたことは、中国思想の影響によると考えられている。」（32頁）などの不十分で曖昧な説明には終わらなかったであろう。

山口建治は、中国語学者の立場で、オニの語源は「隠」の字音とする説を疑った。筆者も同様に『和名抄』説を疑問に思っていた。なぜなら10世紀前半の源順《みなもとのしたごう》が生きた時代、「隠」は漢音「イン」で発音さされており「ヲン」は呉音読みであるので、音読みの「ヲン」だけは鬼が伝来した直後の発音を伝えていたと考えていた。そして鬼は物に隠れて形を顕わさないことを欲するので「隠」の字を使ったとする『和名抄』の説は、数ある「オンあるいはヲン」の中から源順が語源を考慮せず自分なりの判断で選択した漢字に過ぎないのではないかと推察していた。

筆者の疑問は、鬼について言及している多くの研究者同様に一時思考停止のままでいた。そのような蒙を啓《ひら》いたのが山口建治の論文で、誠に耳が痛い内容だった。

漢字の「鬼」の基本的な意味は、人の死後の霊魂であり、日本語のオニとは相当なずれがあるはずである。オニに関する日本人の文章では、この意味のずれに無頓着なものが多い。そもそも日本語のオニとは何か、それが「鬼」という漢字と結びつけられ訓として定

着したのは何故かということについて、まともに論じたものがほとんどない。（『オニ考　コトバでたどる民間信仰』28頁所収）

以下山口建治の論考はこの本の頁数だけを示す。

漢字発音と訓読みとの関係に鈍感な国民性

山口建治は「『和名抄』の「隠」の字音から「おに」ということばが生まれたという語源説は疑わしい」（13頁）として、和語に対応する漢字や概念がない場合に、便宜的に漢字の音や訓を使う「当て字」の問題から切り込んで日本的「おに」の成立を解《と》こうとした。

我々日本人は、中国から移入した漢字を使うので、中国と日本は同文同種の国だなどと言う人がいるが、漢字を使う仕組みが全く異なる点に注意しなければならない。山口建治は、日本人が陥りやすい漢語受容時に発生するすれ違いの問題に着目したのだ。

「当て字」の問題は現代にも存在している。筆者の住む一関市で、かつて地方史研究に携《たずさ》わった市役所ＯＢが、「一関」の「関」は関所か否かを丹念に調べた論文を出した。筆者はそれを見て、「なんと無駄なことをするのか」とあきれた。なぜなら一関、二関、三関などの地名は全国各地に広がっているからである。一関市でも二関地名は現在消えてしまったが、三関地名は残っているし、旧江刺市（現奥州市江刺）では、一関、二関、三関にとどまらず関の下という地名まで残っている。

現地を視察すれば川の上流から堰を作り、最上流の堰を一関とし下流に向かって二関、三関と続くことがわかる。「関」を使った地名だから関所ではないかと考えるのは、和語を漢字で表す際に起きる当て字の問題を知らないことによる。

そのような状況を生み出しているのには二つの原因がある。一つは、「せき」という和語を漢字で示す際、漢語の意味は関係なく書きやすい漢字を使うからである。関は繁体字では「關」で画数が多いが、草書体を使えば「堰」より書きやすい。現に現代中国では「关」という簡体字になっている。

もう一つは、大和朝廷が和同6年（713）に『風土記《ふどき》』を編纂する際に出した通称「好字令」の存在だ。今まで表記していた漢字を中国風に二字の「佳字」、すなわち見栄えの良い二つの字を使えとしたのである。「好字令」により表記が佳字に変えられ、一般人は元来の地形と地名の関係に気づきにくくなっている。

北上川流域に多い「梅木《うめき》」もその一つである。「ウメ」は元来、崖が崩れて埋まったこと、「キ」は場所の意味である。梅の木が生えていたから「梅」という字を使ったのではない。

さらに北上川が川幅を広くし水深が浅くなっている所に「更木《さらき》」（北上市）、「薄衣《うすぎぬ》」（一関市川崎町）がある。「更木」は皿のような所の意味である。皿より更の方が好字なので「更」字が使われたのであろう。

それに対し「薄衣《うすぎぬ》」は複雑な変移を遂げていると考えられる。「薄」は、文字通り水深が浅い所で臼《うす》のような地形を示している。「薄衣」の「衣」は日本においては漢語としては使用しない「絹」の意味に使っているので、水深が薄いという意味でぴったりだと考えて使用したのだろう。しかし、古代人が絹を連想して地名に使っていたとは到底考えられない。おそらく「ウスキ」と読んでいたのであろう。「木」と簡単な漢字を使わず、「衣」の訓読みである着るの「き」音を使ったため、次第に通常の訓読み「きぬ」に変わったと推測できるのである。

このような推測は、岩手県中西部の雫石川支流である「葛根田《かっこんだ》川」を例にとるとわかりやすい。岩手県南の一関市より北にはアイヌ語地名が多く残っているので、「かっこん」は初めアイヌ語と考えたが類例がない。そこで調べていくと古い文献に「葛子田」とあるのを発見した。「子」は音読み「シ」、訓読み「こ」である。そこで「葛子」は「カッコ」あるいは「カッシ」と読めるので、谷川の上流を指す「カッシ」「カッチ」が「カッコン」に変化したのであることが明白になった。地名は漢字で判断せずに音で判断する必要があるのだ。

日本の「鬼」が複雑になった言語的理由

漢字が日本に伝わる以前の和語は、漢字の音と訓を利用して表記されるようになった。ただしその際、意味上の対応関係を持つようにしていても、対応する漢字が無い場合がある。それで便宜的に漢字音や訓を借りて表記することになる。これが「当て字」である。山口建治は、そうして使用されていた「当て字」が独り立ちしていく問題点を指摘する。

私たちにとってたいへん悩ましいことは、最初はたんにその音や訓を借りるだけにすぎない場合でも、のちには表意機能にすぐれる漢字の特性を活かしその字義にもとづく語源的な解釈や説明を示そうとする意識が働くようになることだ。その結果、ことばとその表記に用いられる漢字との関係が、たんに便宜的なものからしだいに語源的に何らかの関係があるかのような表記に取り替えられたり、こじつけの解釈がつけ加わったりするのが避けられない。(11頁)

この指摘は、漢語を利用して和語を表記する際だけでなく、アイヌ語を和語に変表記するときも問題になる。樹木葬墓地を管理する知勝院が属する地域名は「達古袋」(タッコタイ)

で「タッコ」は、ぽこんとした小さな山、「タイ」は林を意味するアイヌ語地名である。一関市の場合「タッコ」を「達古」と表記するが、多数派は書きやすい「田子《たっこ》」（青森県田子町など）と表記している。

一関市と同様、少数派表記の一つに秋田県田沢湖南岸の「田子」地名がある。ここの住民たちは山の神を表記するのに「辰子」という字を使ったため、いつかしら「辰子姫《たつこひめ》」伝説が成立し、田沢湖南岸に辰子姫像が建立されるようになった。これはアイヌ語地名を漢字表記にする際、女性らしい漢字を使ったためできた地名縁起である。

「鬼」の場合は、当て字以外にも問題を複雑にしている要素がある。その言語的問題はまず中川正之『漢語からみえる世界と世間』（岩波現代文庫　２０１３）からの例を紹介する。

その一つは、ある語から何を連想するかという問題である。中川正之は「ある語から、ごくふつうに連想されるものをデフォルトと呼ぶ。」として、「ニンニク」の例を出している。ニンニクというと日本人は粒状か、それがいくつか集まった球根状のものが連想されるが、中国語のニンニク「大蒜」（dàsuàn）から連想されるのは茎がついたままのものである。このように同じ物でも日本人と中国人とでは受け取るイメージが違うということを説明している。もう一つとして、「中国語は分析的」ということを紹介している。

> 現代中国語では（桜）が単独で用いられることはなく、必ず（桜花）や（桜桃）のような単語を構成する部品としてのみ用いられる。（桃）も同様である。
> 単独で用いられないことと表裏の関係にあるが、（桜）も（桃）も現代中国語では、それだけでは実態感が乏しいものになっている。（中略）もちろん、日本語でいう「桃」が中国語の（桃）の代表的なものであるには違いないが、「サクランボ・クルミ・綿花」などの上位概念を表す語になっている。（筆者注：サクランボ＝桜桃、クルミ＝胡桃）日本語の「桃」は（桃子・桃児）のように、子供あるいは実を表していた接尾語（子・児）をつけて表す。（中略）本来上位概念は、このように個々の特徴を捨象した抽象的なものである。（61頁）

中川正之が述べることは、「鬼」についてもいえる。「鬼」の場合、中国語では、「悪鬼、暗鬼、疫鬼、邪鬼、水鬼、幽鬼、厲鬼《れいき》、霊鬼」（以上、角川『新字源』による）など複合語で使うのが普通なのである。

マラリアなどの疫病に使われた中国語「瘧鬼《ぎゃくき》」「瘟鬼《おんき》」については後述するが、これらが日本語の「おに」につながったとするのが山口建治説なのである。山口建治、中川正之の中国語学者の説によって、まずもって中国語の抽象概念的な上位概念の「鬼《き》」が、日本において抽象的概念を捨てて次第に具象化する過程を知ることが重要なのである。

古代日本史研究者の大和岩雄は、『鬼と天皇』「第8章「おに」の語源と陰陽師と修験者（159頁）」で『和名抄』のほか谷川士清《ことすが》、貝原益軒、新井白石などの語源説を取りあげている。そして「隠」「陰」のどちらにも「おに」の原義があるのだから、私は、両方の意味をこめた「おん」が「おに」になったと推測している。大和が音読みを重視したのは正解といえるが、時代的限界か、中国における「鬼」の展開を知らないため不十分な推測に終わってしまったのは残念である。

第二章　日本的「鬼《おに》」発生の重要要素は長江文明にあり

長江文明（江南文化）と日本とのかかわりを重視すること

中国と日本では、権力と文化を集約し城郭的な集落を持つ政権が確立した時期が６７００年ほど離れている。筆者が中国の歴史を学んだ60年ほど前は、黄河流域河南省小屯《しょうとん》の遺跡から甲骨文字が続々と発見され、司馬遷の『史記』で書かれている殷《いん》（＝商）の存在が事実であったことに感心していた状況だった。さらに殷の時代は紀元前約１７００年から前約１１００年にかけて続いたことだけでなく、殷の前に存在していたとされる「夏《か》」王朝の存在も発掘調査で次第に姿を現し始めていたため、『史記』の偉大さに感服していた。当時は黄河文明イコール中国文明だった。

しかし、20世紀後半から長江流域の発掘調査が進み、下流では良渚《りょうしょ》遺跡、河姆渡《かぼと》遺跡、中流域では城頭山《じょうとうざん》遺跡、上流では三星堆《さんせいたい》遺跡、龍馬古城宝墩《りゅうまこじょうほうとん》遺跡など多くの遺跡調査で、青銅器を最大の特徴とする黄河文明とは異なる玉器をより重んじる長江《ちょうこう》文明の姿が明らかになってきた。これらの遺跡群の発掘により、稲の起源に関する学説も、かつての雲南省説が完全に否定され、長江中流域で８０００年前には稲作が行われ巨大な環濠集落ができていたことがわかった。（梅原猛・安田喜憲共著『長江文明の探究』新思索社　２００４）

長江文明は４０００年前頃に衰亡する。これまでは長江の大洪水が原因といわれてきたが、地理学・環境考古学者の安田喜憲は、別な仮説を述べている。

長江文明の崩壊は、４２００～４０００年前にユーラシア大陸を襲った気候変動と、それによって引き起こされた気象災害や民族移動が、その原因であった。（１５６頁）

安田喜憲が語るように、気候変動と民族移動などの具体的なプロセス解明は今後の課題だが、３７００年前から約６００年間続いた殷王朝の存在は、それ以前の民族大移動の結果もたらされた北と南の文化の融合による恩恵によることをうかがわせる。

殷王朝から周王朝へと中原（黄河中流域）が文化の中心になったため、おそらくは長江文明と黄河文明の交流によって成立したであろう中国文明が、あたかも黄河文明によってのみ作りあげられたかの様相をなしたのは、司馬遷の『史記』だと徐朝龍《じょちょうりゅう》は述べている。『長江文明の発見』（角川選書　1998）で徐朝龍は次のように述べる。

黄河流域の王朝が正統の中国歴史にその名を独占的に残すことができたのは、明らかに、「勝てば官軍」という漢時代以来の歴史の書き方に負うところが大きい。筆者に言わせれば、統一を達成した漢帝国の御用史家である司馬遷によって総括された『史記』こそが、絶対権力の一極化と他民族国家の統一の必要上、黄河流域の中原支配を軸として展開した「中華文明」のイメージを作り、それを固定化してしまったのだ。（19頁）

徐朝龍はまた学生時代から、川のことを北方では「河」と呼ぶのに、南方では「江」と呼ぶし、否定詞については南方では「没」や「莫」であるのに対し、北方では「否」や「非」とするのは何故なのであろうかと首をひねっていたと述べる。身体の部分を表現するにあたっては、なぜ同じ部分に二つの表現が併存しているか（「口」と「嘴」、「歯」と「牙」、「目」と「眼」、「頭」と「首」など）不可解でならなかった、と述べている（21頁）。そして彼は長江文明と黄河文明との根本的な相違は、言語学による裏付けを持っているとして次のように述べる。

北と南の言葉の接触と混合が始まった時期は、言語学では４０００年ほど前（文字の本格的形成とも関連して）と推測されているが、後述のように良渚《りょうしょ》文明の崩壊に始まった大激動と稲作文明の北上が、まさにこの時期にあたった。（20頁）

もろもろの状況から「長江文明の高いレベルからして、付随する文字の存在も当然想定されるであろう」とする徐朝龍の仮説は、筆者も賛同するところである。死者の霊を表すという「鬼」も南北の交流で複雑な変移を遂げてきたと考えられる。春秋戦国時代において成立した南方の『楚辞《そじ》』と北方の『詩経《しきょう》』を比較すると、多くの精霊との交流を示す表現は『楚辞』に強く感じられる。おそらく民間の巫覡《ふげき》（神に仕えて祈祷や神おろしをする人）の活動は、長江流域の方が強く活発に遍在していたと想定されるのである。

中国語は元来、孤立語である。そのため死者の霊魂としての「鬼」だけでは説明できない状況が出てくると困ることになる。そこで、ある程度は「鬼」とかかわるのではないかと疑われるような災害や疫病などが続発してくると、「鬼」偏を使った漢字が作られてくる。会意や形声による「魃《はつ》」「魅《み》（魅の本字）」がそれである。角川『新字源』によると、「魃」は、ひでりの神、旱神《かんじん》で、「魅」は鳥獣木石が変化した化け物。また、もののけ、妖怪としている。このように人間にとって困る災害や妖怪を指す漢字が「鬼繞（きにょう）」を部首として作られたということは、死者の霊と災害などが何かしら無縁でないと古代人が考えた結果であろう。

『礼記《らいき》』礼運篇で「魂《こん》は陽気、魄《はく》は陰気である」とするように、黄河文明の地では霊魂に関して、すでに2500年前には陰陽五行説の端緒となるような合理的な解釈（あくまで古代的な意味で）がなされていた。

さらに「魃《はつ》」や「彪《み》」の内容は、文字で内容を伝えることはできても会話では困難である。どうしても「旱神《かんしん》」（日照りの神）といった複合語にする必要がある。そのような流れは時代とともに強まり現代中国語は複合語が主である。

黄河文明優勢下で姿を隠した長江文明の姿

長江文明の姿は、勝者である黄河文明の中に取り込まれ実態がわかりにくくなっている。しかし、徐朝龍が指摘している南と北の言葉の違いと同様に、儒教に組み入れられた五経の一つ『周易《しゅうえき》』で説明されている占いに使う八卦《はっか》（呉音読みで「はっけ」と読んでも良い）とのかかわりで南北交流の形跡が見られる。

八卦は陰陽五行説と同じく、遅くても秦以前に結びついたと考えられている。通常の占いでは後天易を使う。先天易と後天易を図示する。

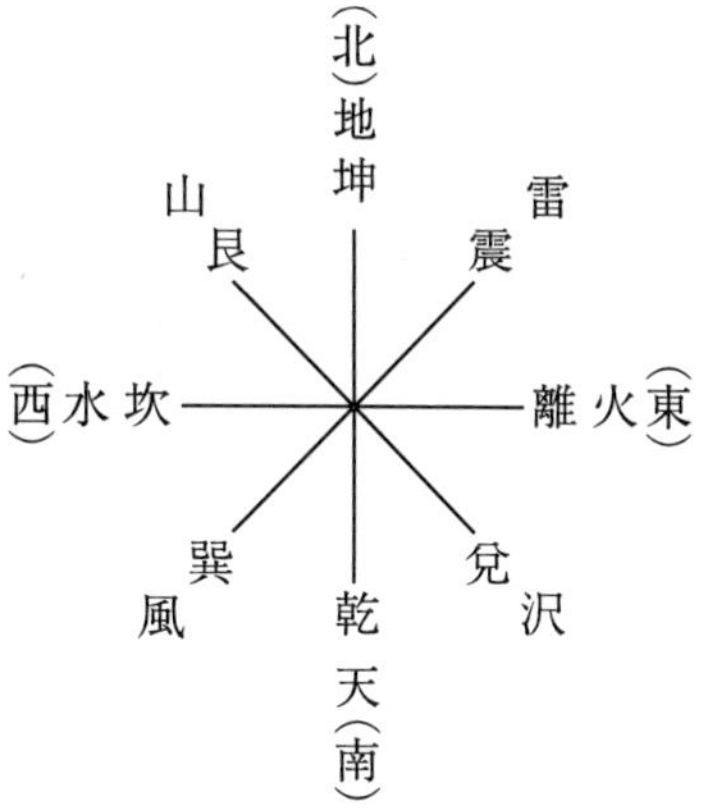

先天易図

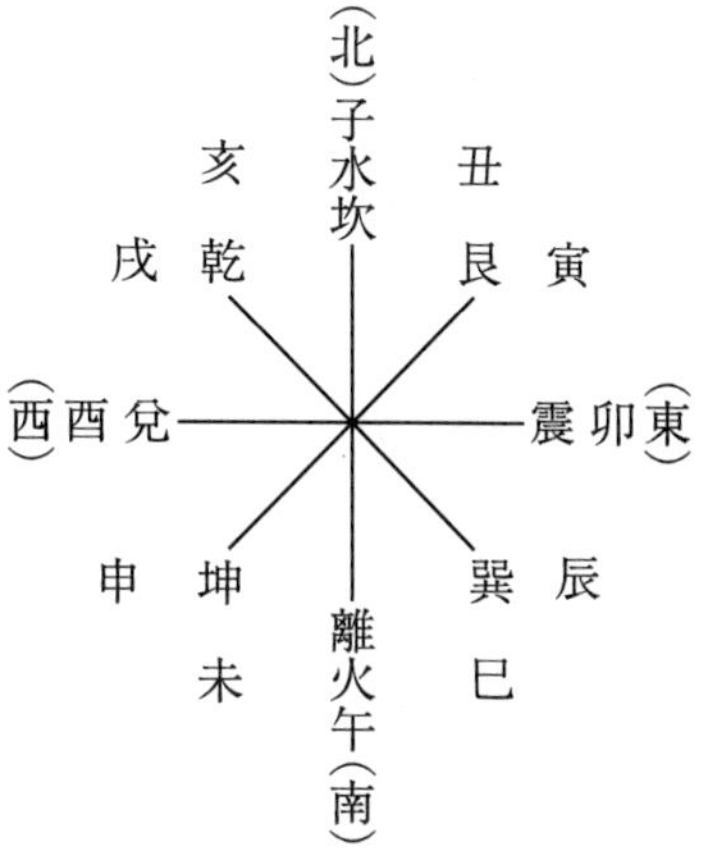

後天易図

このように占いの方法に先天易と後天易の2種類が存在することには違和感がある。この点について宋儒の邵康節《しょうこうせつ》（1011～1077）は次のように説明する。

先天易は包犠《ほうぎ》（＝伏羲）が自然の相をとり、明るい南を天、くらい北を「地」、太陽の昇る東を「火」、沈む西を「水」にあてる。

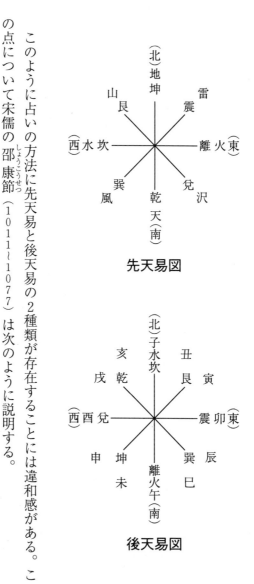

後天易は州の文王が始め、子の周公旦《しゅうこうたん》が完成。火食、衣服着用など人間の生活を勘案してできた。

邵康節《しょうこうせつ》は先天易を「体」（本質）、後天易を「用」（運用）と統一的かつ合理的に解釈している。しかし、初めから「体」と「用」に分別して考えられたというより、それぞれ異なる地域で作られたと考える方が自然である。例えばインドで別々のグループで作りあげられた胎蔵界曼荼羅《たいぞうかいまんだら》と金剛界《こんごうかい》曼荼羅が、そのまま別々に中国に移入されたが、弘法大師空海がそれを統一的な体系にまとめあげた。そのような過程と同じことが『易経』の応用でも起きたのであろう。

後天易《こうてんえき》は、「火気は冬乾燥して天に上り、夏地に降りる」という考えからも黄土高原のような乾燥地帯で発達した可能性が大で、命の源である「水」が北方に置かれたのであろう。おそらく後天易を作った人々は、北極星を目印に移動する特徴があった民族で北を最も意識したのであろう。

一方、先天易《せんてんえき》は、日照（陽）を意味する「火」を東に、月が出る夜（陰）の間に葉に水をためることを意識する民族が作りあげたのであろう。おそらく彼らは長江流域で稲作をしていた民族で、太陽中心すなわち東西の軸を重視したと思われる。八卦と同じことは「河《か》図《と》」と「洛書《らくしょ》」についてもいえるがここでは省略する。

また五行説を基本として考えられたものには、八卦（易）だけでなく九星図もある。これについても先天と後天がある。その両方を使い神秘的な空間を作り出している典型例は、春日大社の一の鳥居の「影向《ようごう》の松」（先天・八白土気・童男）と能舞台の「鏡板の松」（後天・六白金・老翁）である。これについては吉野裕子『神々の誕生』（岩波書店　１９９０）参照。

以上に述べた陰陽五行説と易（八卦）、九星図などは、「鬼」の日本的展開に大きな役割を果たしているのである。

中国の民族移動に影響されて発生した疫病の「瘟鬼《おんき》」が「鬼《おに》」の原型に

中国においては４０００年前の民族移動だけでなく、自然環境の大きな変化に伴う大移動がしばしば繰り返されたと想定されている。３世紀から11世紀にかけての長い期間にわたって中原《ちゅうげん》（黄河中流域）から沿岸部の広東、福建を中心に移住した漢民族で、使っている言語は古代北方語を残しているといわれる「客家《はっか》」はよく知られている。また元来は長江流域に住んでいたと想定されるが、現在は主に雲南省、四川省に住む苗族《びょうぞく》もしかりである。

新しい「鬼」にかかわる複合語発生の原因となったのは、北方民族におされ、江南（長江下流域）に移り、建康（現在の南京）に都を移した東晋（317～420）以降の移動である。これ以降、江南は開発され、かつては文化の僻地扱いされていた地方が文化の中心的位置を占めるようになった。

江南は高温湿潤の地で、マラリアを始めとする風土病が多い土地でもあった。一方、黄河流域では主に寒さによって罹病するインフルエンザなど流行性で発熱を伴う病が多く、それは「瘧鬼《ぎゃくき》」と呼ばれていた。ところが北から移住した人々は、江南地方で気温の高さのためマラリアなどの罹病が多いので、気温の高さを表す「温」字を利用した「瘟」字が作られた。この間の消息は山口建治が台湾の李豊楙《ほうぼう》「『道蔵』所収早期道書的瘟疫観（『中国文哲研究集刊』第3期、1993）」を引用している。

（李豊楙は）じつは「瘟」という字は、『抱朴子《ほうぼくし》』が書かれた頃、つまり東晋時代に南方中国の民間で使われ始めた字であり、はじめは「温」という字で書かれていた。と述べ、道教徒は内気の修練をしたあとにまじないを行えば、決して流行性の伝染病の影響を受けないと信じていた。これらのまじないはまさしく南方（例えば越）の巫術《ふじゅつ》であり、そこはまた容易に細菌が繁殖しやすいまさに温熱地帯であった。それゆえ「瘟」と「温」の字の構成要素が同じなのであり、この新造の漢字の出現時期は、もともと北方に居住していた人々が南方に移り住んだ後、新しくもたらされた病菌のほかに新開発地区に対する抵抗力を欠いていたために、死亡率が高かったことをたしかに反映しており、（中略）「瘟疫《おんえき》」とか「疫癘《えきれい》」などの語彙が相継いで、広く用いられるようになり、それを鬼神化したものこそが典型的な瘟鬼・瘟神の信仰なのである。（44頁）

このように5世紀から6世紀の中国江南地方では、主に道教徒の活動を通じて（のちには仏教も参加する）瘟鬼という概念が一般化され、やがて瘟神の信仰が成立した。

日本における疫病と中国の「瘟鬼」とのかかわり

日本で疫病の流行が記録された最初は、『日本書紀』「崇神《すじん》天皇五年」条とされるが、この時期には国号の日本はまだ成立していない。歴史学者の網野善彦《あみのよしひこ》（1928〜2004）は、『天皇家はなぜ続いたか』（新人物往来社　1991）で次のように述べる。

日本という国号の決まる前には日本もないし日本人もいなかった、だから聖徳太子といわれた人も日本人ではないし、邪馬台国ももちろん日本ではない。（中略）歴史的な事実の問題として実証的な厳密な研究をするべきで、この国号の定まる前にはやはり、日本も日本人も存在しないと思います。（14〜15頁）

筆者も元号や称号については厳密性を尊重するが、ここでは便宜的に『日本書紀』の表現に従う。元来、天皇という称号は、中国を意識して作られ、天武天皇、持統天皇のあたりで確立したと推定される。それ以前は、「倭《わ》」国王である。

「日本」国号も、あくまで中国を意識した対外的な必要性から作られたので、国内では使う必要性はなかった。そのため「日本」を「にほん」と呼ぶか「にっぽん」と呼ぶかは長らく問題視されなかった。明治以降、漢字を使わない西洋列国と交流が頻繁になり、初めて発音が問題になったのである。現在、国は「にっぽん」を対外的に正式発音としたが、国民にとっては「にっぽん」「にほん」のどちらでも気にせず使っている状況にある。

このような歴史的問題がある「崇神天皇五年」条なので、この条に載る事項の年代的確証は疑問としておくが、かなり早い時期から伝染性の流行病を権力者が意識していたことは間違いない。そして『日本書紀』が成立した8世紀初頭では、伝染病を「疾疫」「疫病」「疫気」と表記し、すべて「えやみ」と読んでいる。

見た目の和語

「見た目の和語」（竹内美智子からの引用）の説明として山口建治は、漢字音が和語化する背景を古代和語研究者の文章から引用して紹介している。

林史典：「仏家・博士家のような高い学問的水準を持った社会は、漢字の原音を忠実に識別して受け入れようとしたのに対し、その外で受け入れられたものは早くから厳密な識別を捨てて和語化し、もっぱら仮名で書かれて漢字の字面から離れたとみなされるものがある。」

中田祝夫：「元来は漢語であって、当然漢字で書かれていたのに、その発音が漢字から離れてしまうと、もう漢字をやめて、仮名書きにしてしまったという例はいくらでもある。」（48頁）

つまりは漢字音を受け入れる社会の教養レベルや時代の推移によって、漢語の発音が漢字と切り離されて和語化し、結果として「見た目の和語」が残されることになるのである。奈良・平安の時代以降でさえこうした現象がおこっているのであるから、5～7世紀のころ、(いわゆる「呉音」が伝わった時代)渡来人によって伝えられた漢語や朝鮮語などが、この列島の言葉の中に入ってきて、はじめから漢字で書記される暇もなく、そのまま和語の一部を構成するに至ったケースもあるに違いないのである。(49頁)

「見た目の和語」については、漢和辞典を数多く引いたことのある人なら「菊」が該当することはすぐに気がつく。ところが、ウマ(馬)、ウメ(梅)、にく(肉)などは、山口建治がいうように「中国語の古代音について多少とも知識がないと、漢字音に由来する語形であることすら気づかず、和語そのもののように思われているのではなかろうか。」(18頁)

うま(馬)やうめ(梅)は、現代中国語ではマ(mǎ)、メイ(měi)なので、現代中国語をある程度知る人なら類推できるが、にく(肉)は中国語ではロウ(ròu)と発音し、古代音の知識がないと全く理解できない。このように中国語の古代音の知識の上に和語の古代音の知識がないと、古代において「倭」の人々が中国との交流で受け入れた新しい知識とそれに伴う言葉の関係は解明できないのである。

おそらく疫病の概念も早くに日本列島に伝えられ、その刺激によって「えやみ」という言葉も生まれたのであろう。その頃、現代語でア行、ヤ行の「エ」と発音される言葉と、ワ行の第四段で発音される「ヱ」(we)とは別々の発音であった。したがって、「えやみ」の「え」は、漢語の呉音を聞いて「疫病」の意味だと古代人が理解したのではないかと考えられるのである。山口建治も次のように語る。

疫神という漢語がこの列島で自発的に起きたとは考えにくい。「えやみ」の「え」という和語自体が「疫」の漢字音(yet)からきている(岩波辞典『古語辞典』)のであり、疫神・疫鬼の観念は、その儀礼に附随して伝来したと考えるのが自然であろう。(135頁)

筆者も山口建治の説に同意する。彼の「鬼」を中心とした研究意識の根底には、民俗学などの研究者を中心に当て字に過ぎないものを古代日本で自発的に生まれた和語とする傾向があることへの厳しい批判がある。

「鬼」はいつからオニと読まれだしたのかははっきり言ってよく分からない。気がついてみたらオニと読んでいたというのが実情だろう。漢字を識る知識人が造語したことばとは違って、民間に生じいつの間にか広まったことばの意味が本来どのようであったかを知るには、その言葉が使われる社会的民俗的な環境をつぶさにたどって確認していくしか方法は無いと思われる。「隠」の字義でオニの意味を説明するのはたんなる民間語源説（当て字）と同じである。

このように思考を巡らせた結果、彼我の民間文化を照らしあわせながら、「見た目の和語」の漢字語源を、ひとまず民間伝播におけるミッシングリンクとして措定し、それを手掛りにさらにくわしく比較検討を加えれば、民間文化伝播の道筋が見えてくるのではないかと考えた。（19～20頁）

山口建治が問題にするミッシングリンク（一連の続くものと考えられるが、その中でかけている部分）は、古代日本の文化を理解しようとする際、非常に重要である。なぜならば3世紀から6世紀にかけては長江文明が沖縄、九州、韓国西海岸（済州島も含む）にかけて大きな影響を与えたはずである。その後、隋、唐の黄河流域文明が遣隋使、遣唐使によって日本にもたらされると、漢音による文化がそれ以前に民間に伝えられていた呉音による文化を圧倒していく。呉音は仏教の読経《どきょう》などによってわずかに残ったが、民間で口頭によって広まった呉音の言葉は、正確な漢字に残されることなく、一部は「見た目の和語」として出自《しゅつじ》が不明なまま言葉の海に沈んでしまった。

柳田國男、折口信夫など民俗学者は、日本文化の古層を残しているとして沖縄の文化、とりわけシャーマニズム的な方面への研究に力を入れたが、長江文明世界の一員として沖縄の文化があったことは軽視した。

しかし、これからは「海女の文化」や「男色などの性別越境文化」などを広く視野に入れ、黄河文明によって消されてきた汎アジア的な文化を想定しないことには、真に日本文化の古層を理解することはできないだろう。この課題は第三章以下に詳説する。

木簡の「遠」と「物」は何を意味するか？

疫病の蔓延を恐れた奈良時代の朝廷は、中国の「大儺《だいな》」（たいだ）という疫病退治のための儀式を受け入れ、年末晦日に逐疫の祭祀を行った。後に「追儺《ついな》」と称され、「大祓《おおはらえ》」の儀礼と一体化した。そのような儀式の様子が推測できる木簡が、平城京二条大路の南北両端に掘られた三条の環状遺構から出土した。それらは「二条大路木簡」と称されている。その中で遺構番号SD5100木簡に記された年紀は和銅5年（712）～天平11年（739）で、とくに天平8年（736）が多い。その中に「遠遠遠遠遠遠」と「遠」の字を書き連ねた削屑《さくせつ》型式の木簡2点、ならびに「遠遠遠遠遠遠物物物物物」と「遠」と「物」を書き連ねた削屑型式の木簡2点が出土している。削《けず》るという行為は、その木簡に書かれた対象物を退治する意味であり、「遠」の呉音「ヲン」と、和語的に「もの」と発音されていた存在を忌避することを意味していると考えられる。つまり、これらの木簡は疫病退散を願った大儺《だいな》、大祓《おおはらえ》の儀礼に使われたのであろう。

このような事例から山口建治は、『和名抄』より約30年前の9世紀末頃の僧昌住《しょうじゅう》による著『新撰字鏡』（和訓を収める現存最古の漢和字書で、約2万1千の漢字を掲げ、音と意義を注するほかに、そのうちの約7分の1に万葉仮名で和訓が注されている）の「鬼」の項を引用して次のように述べる。

「鬼」の項に「九偉反、上、人神曰鬼、慧也、帰也、送身也、遠也。」（中略）とあり、この「遠」はヲニという音を写していると考えられる。つまりオニを表記する（於邇）の前身に、（遠）という表記があったのである。平安初期にはヲとオが混同されるようになっていたから、ヲニ（遠）がオニ（於邇）となるに不都合はない。

『和名抄』と『新撰字鏡』このふたつの文献を照らし合わせてみただけでも、平安中期にはすでにヲニ（遠）が「鬼」の訓として確立していたことが分かる。（36頁）

筆者は、この山口建治の説を支持する。ただし、漢語を学んだ人から次のような疑問が出るかもしれない。

『新撰字鏡』で「鬼」の音を説明する部分は「九偉の反で上声」という部分だけで後の部分はその意味の説明ではないか？

たしかに『新撰字鏡』を素直に読めば前述の疑問は当然出てくる。しかし、9世紀末にはすでに5世紀から6世紀頃の倭人が「瘟（ヲン）」を聞いて「遠」字に当てていた記憶は失われ、オン（オニ）という発音の言葉を「遠くからやってくる得体の知れないもの」という和語的言葉として解釈したと推測するのが自然であろう。

なぜなら西晋の陳寿（233〜297）が『三国志』（「魏志倭人伝」を含む）を撰述した3世紀以降、長江流域との交流が進んできて呉音が早くから伝来したと思われるからだ。とくに南朝の宋（420〜479）に朝貢した倭の五王が出た謎の5世紀といわれる時代からは、多くの文化が漢字（呉音）とともに移入されたと思われる。この時期（5世紀から6世紀）は、前述したように南朝文化が盛んであり、かつ疫病の流行とともに道教による呪術が盛んになったときでもあった。したがって「瘟」（wen）が伝えられ「n」に母音「i」を付け加えて聞きなす以前、逆に「n」音をドロップアウトして「ヱ」と聞きなした場合があったのではなかろうか。それが疫病を意味する「えやみ」の「エ」を生んだと思われるのである。

私たち和人は、子音で終わる語は母音をつけて聞きなしてしまう傾向がある。アイヌ語を聞きなす場合でも同様のことはおきている。青森県を中心に岩手県以北に多い姓「苫米《とまべ》地《ち》」の「ベチ」は「川」を意味するアイヌ語地名「ペッ(pet)」という発音からきている。その字母「p」は濁音化し「b」になり、子音「t」には母音「i」音をつけて「チ」と聞きなした。一方、北海道の登別《のぼりべつ》のように「t」に母音「u」をつけて「ツ」に聞きなす場合もある。

この例と同様に古代の倭人も「瘟」を「ヱ」あるいは「ヲニ」と聞きなしたのであろう。母音を伴う語が続く和語は重く感じるので、日本人は短い言葉を好む傾向がある。そのため古代の倭人は「瘟鬼」の「瘟(ヲン)」を音として利用する一方、「瘟」より書きやすい複合語の後半の「鬼」一字で「瘟鬼」の意味を持たせ、さらに「wen」に「i」をつけて鬼《ヲニ》(平安時代中期以降は「オニ」)と呼ぶようになったと考えられる。これは「長谷《ながたに》の初瀬《はつせ》」のように、元来「初瀬」を修飾する枕詞的な「長谷」が、次第に「はせ」と呼ばれるようになったのと軌を一にしている。

漢語の影響を受けて拡大する和語　―「もの」の場合―

前述のように疫病を表す漢語「瘟鬼」が倭国に到来するや「ヱ」と「ヲニ」に分離しながらも、それぞれが互いに影響しあって複雑な発展をするようになる。「もの」についても同様ではないかと考えられる。従来の「もの」に関する研究者の説は、純粋の和語（やまとことば）と捉えているが果たしてそうだろうか。「比較文化論の視野から日本語を解明して捉えた」とする日本人論を展開した荒木博之『やまとことばの人類学　日本語から日本人を考える』（朝日選書　１９８３）を例として紹介する。

「もの」は、神の論理としての共同体（集団）の論理だけでなく、人間の存在を貫いてある恒常不変の原理（さだめ）、さらには超自然的存在物（聖・非聖）、あるいは時間的に恒常不変のものとしてとらえることのできる具象物、までを広く指示する言葉である。（86頁）

たしかに「鬼」を「もの」と読んだ『万葉集』の時代には、荒木博之の指摘は重要である。しかし、「共同体の論理」まで持ち出すのはどうであろうか。まして、続けて次のように述べる点は不十分である。荒木はさらに次のように続ける。

従来、この「もの」の原義とでもいうべきものを探る試みは、その多義性にさまたげられてほとんど見るべき成果をあげてこなかった。しかしながら、一見多義的に見える「もの」という語も、それを日本文化の中核としてあるパーソナリティと重ね合わせることに

よって、その意味素とでもいうべきものをおぼろのなかに次第に明らかにしてくれるはずである。（傍線は筆者）

「もの」の本質についての洞察は正しいと思われるが、傍線部分の論理展開は疑問である。原義から種々の要素をつけ加えてできあがった多義的な日本文化の中核と独断するのは、原義から遠ざかってしまう可能性がある。後世から判断するのでなく、発生源から追究すべきだった。

「二条大路木簡」にある漢語の「物」について山口建治は次のように述べている。

> 漢語の「物」の意味は「鬼魅《きみ》精怪《しゃうかい》」（上海辞書出版社刊『漢語大詞典』）であり、和語のモノノケのモノと同じ意味である。（モノも漢字『物』の古代音mlwətに由来する可能性がある。韻尾の―tは容易に―nに転訛しうるからである）山口建治「オニ（於邇）の由来と『儺』」。（岩波書店『文学』2001年11・12月号所収参照）

荒木の論理展開は、彼が理想的と考えたすでにできあがっている「やまとことば」的世界を中核として「理想的な原義」を措定したのであろう。古代においては倭の言葉や文化は中国や朝鮮半島の言葉と照らし合わせて考察しなければならない。

このような論理展開は、次の二つの本を思い出させる。一つは稲作の起源についての安田喜憲『長江文明の探究』、もう一つは柳田國男の『先祖の話』（角川ソフィア文庫　2013）である。

長くなるが大事なので安田喜憲「稲作の起源」を引用する。

かつて、稲作の起源地が雲南省《うんなん》にあるというのが定説であった。稲（学名略）の野生種と見なされるオリザ・ルフィポゴンは、熱帯や亜熱帯にもともと生息する植物である。なのに「海抜1800メートル以上の冷涼な雲南省の高原地帯で稲作が起源した」などという憶測がなぜ信用されたのであろうか。その背景には、旧ソビエト連邦の遺伝学者パビロフの「遺伝的多様性の多いところが種《しゅ》の起源地である」という仮説を、なんの疑いもなく稲作の起源に適用したことにある。（中略）

たしかに雲南省の稲の遺伝的形質が多様性にとんでいることは事実である。しかしなぜこのような冷涼な高原地帯で、本来、熱帯や亜熱帯に野生する植物の遺伝的形質が多様なのであろうか。しかも稲作の起源が麦作の起源と同じく氷期から後氷期の気候変動の中でひきおこされたとするならば、一万年以上前の晩氷期の雲南省の高原地帯では、気温が低く稲の野生種はとても生育できない。私がもっとも尊敬する中尾佐助先生や佐々木高明先生の「照葉樹林文化論」は、ノーベル賞に値する日本人が提唱した文化論であると思うが、その文化論のなかで唯一納得できないところがこの、稲作雲南省起源説であった。(中略)

その後、自然科学の分析的技術を基礎にした環境考古学の手法によって、雲南省の稲作は4000年前より遡ることはないことが判明し、一方、長江中流域では8000年前には稲作が行われ、巨大な農耕集落が出現していたことが判明した。(16頁)

なぜ雲南省に稲の遺伝的形質が多様なのかという疑問に対し、安田喜憲は「ここが稲作の起源地だからという自然史的要因によって引き起こされたのではない。この地域に4000年前以降に、多くの民族が様々な稲の品種をもちこんで居住したからなのである。雲南省の高原地帯で現在、稲作を行う少数民族の大半は、4000年前以降に、この地に稲作をもちこんで逃れ移り住んだ人々なのである。」と説明している。

稲作の起源地を雲南省の高原地帯とした誤りは、パビロフの説を教条主義的に信奉して、気候と人々の移動とが複雑に絡み合った食糧事情のダイナミズムを理解しなかったことにあったと安田は述べる。

前述した荒木の「やまとことば」の究明は、本質をつかんでいるが、中国文化や朝鮮半島の文化からの影響を軽視ないし無視しており、「もの」の原義究明を捨象してしまった。安田が指摘する歴史的ダイナミズムの観点が欠落しているのである。古代における異文化の吸収は、文字だけでなく音によるものも多かったことを前提に考えなければならない。

このように漢字の古代音と和語の古代音とを勘案しながら和語の進展を究明しないと、我田引水的な「愛国主義的日本語・日本人論」となってしまう。同じ傾向は、柳田國男の「先祖」や「みたま」に関する言及にもみられる。柳田國男の「家」に対するこだわりと仏教を嫌う言説は各所に見られるが、一例として『先祖の話』57「祖霊を孤独にする」を紹介する。

家が断絶して祀る人の無い霊を作りだすことだけは、めいめいの力では防ぎきれなかったが、家さえ立っていけば千年続いても、忘れられてしまうというものではない。少なくともそう信ずることがもとは出来たのである。この点にかけては我が邦の神の道よりも、仏教の方がなお多く現世に偏している。国が三千年もそれ以上も続いているということは、国民に子孫が絶えないことを意味する。それがただわずかな記憶の限りをもって、先祖を祀っていてよいとなれば、民族の縦の統一というものは心細くならざるを得ない。それを仏教が省みなかったとは言えまいが、少なくとも盆や墓所の祀り方を見ていると、重きを

その方に置かなかったとまでは許し得られる。（163頁）

このような柳田國男の仏教嫌いなどについて、桜井徳太郎は『霊魂観の系譜』で次のように述べる。

柳田は多くの箇所で、日本人の霊魂観・他界観・死霊観を考えるにあたって、従来の考え方に二つの歪曲が存在することを指摘し、それを拒否剥離しなければ、ほんとうの日本本来の姿を認知することができないと、口をきわめて力説している。その剥離さるべき一つは神道流の考え方であり、もう一つは外来宗教、とくに仏教的教説であるとする。（183頁）

柳田がこだわる先祖の「みたま」と「家」が庶民にとって明確に意識される存在となるのは、家制度が確立してくる江戸時代からである。それ以前、公家や武家階級は家の繁栄と存続に腐心したであろうから、彼らの意識が一般庶民に影響を与えはしたであろう。

しかし神話的手法によって自らの家の伝統を誇るようになったのは、皮肉なことに無名の家に生まれ育って下剋上でのしあがってきた武士たちが、ニセの家系図を作り始めたときであり、その繁栄期は政治や社会が安定してきた江戸時代初期である。この時代には、ビジネスとして家系図を作る専門職人が出てきた。

このような「家」にまつわる時代性を考慮することなしに「純粋の日本人の霊魂観」を近世からできあがってきた「家」「みたま」観を中核にして作りあげてしまう手法は、荒木博之の「やまとことば」への言及と同様でとても学問的とは言いがたい。

仏教や道教に影響されて確立した修験道などの影響を無視する「無知？」

柳田國男が外来文化の影響を嫌ったため、無知ともとられかねない記述が各所に見られる。例としてまず『先祖の話』21「盆と正月との類似」を紹介する。

> この初春の松飾りのことを談《かた》るならば、これらの松の木は、農村では今なお一般に「迎え申す」と言っている。（中略）もとはこの松迎えを正月迎えとも言って、師走の十三日がその日となっていたが、今から考えるとやや早すぎる感じで、どうして松の内まで青々と保存させていたかが私には判らない。（59頁、傍線は筆者）

柳田國男に限らず民俗学研究者の多くは行事にまつわる日時や物を軽視しがちである。まず日時についての問題点をあげる。

正月を迎えるために松の枝を山から採ってくる日は、冬が春にバトンタッチをしようとする期間、つまり冬の土用が始まる日である。少しでも陰陽五行説を知っていれば、師走の13日が（旧正月元旦を立春とするならば）冬の土用が始まる日であることが理解できるはずである。また師走の土用は、一年の終わりの「土《つち》」に関係する時節なので、一年間にたまった埃《ほこり》（土の要素）を払って奇麗にして新年を迎えようとする煤《すす》払いは、13日に行われたのである。暦が旧暦（太陰太陽暦）から新暦（太陽暦）にかわっても、成田山新勝寺など多くの寺院では12月13日に煤払いが行われている。

日本列島は海に囲まれており、古代においては朝鮮半島の国々を経て中国文化を受け入れてきた。そのため日本の自然とかかわって生まれた文化的要素を完全に捨てることなく、中国文化を選別的に受け入れる結果となったのである。したがって、一見、日本独自に発生したコトバや文化と思われるものが多いが、実際には知らず知らずのうちに和語化、和風化したものが多い。それを無視して和人が独自に発達させた文化と思いがちになるのは学問的とはいえない。

物についてもしかりである。（この場合の「物」は元来の漢語的用法から分離して人間にとって対象と

なったと考えられている物質を指す）

例として「民俗学の未熟」を指摘している伊藤亜人《あびと》の論『日本社会の周縁性』（青灯社2019）から紹介する。伊藤亜人は江戸時代の荷田春満《かだのあずままろ》（1669〜1736）の『日本紀神代巻剳記《じんだいのまきさつき》』が非常に優れた日本人の精神性を指摘しているとして荷田の次の文章を引用する。

> 日本の教は道理を以ては教えず、唐土の教は理を以て伝う。本朝にては何にでも物にて伝え、業にて伝え、器物に比して伝えたる義を知る可《べ》し。此の義を弁えずば神祇《じんぎ》（天の神と地の神）の道は通わず。

この文章のコメントとして伊藤は次のように述べる。

つまり、日本では道理に拠って論理的に教えるのではないのに対して、中国や朝鮮では論理で以て教えを説く。日本では何事も物、業、器物に依って意を伝えるのであって、このことをよく自覚しなければ神祇の道、つまり日本古来の信仰の神髄は分からないという。

ここでは明確に道理や理といった抽象的な観念と物や業や器物とが対比されており、日本では後者によって教え表現するという。日本人の精神性について、大陸伝来の伝統と日本古来の伝統との違いを自覚し、日本における物や業が占める位置について、すでに江戸時代の国学者がこれほどまでに明確に自覚したのである。（83～84頁）

日本人は物を大事にする民族である。これは日本人のアニミズム的な精神性が関係している面が強く反映されているといわれるが、その根底には「生きるため」という要素があったことを忘れてはならない。

山菜を採る際は次の年も利用できるよう根こそぎには採らない。キノコにしても同様に菌が残るようにしておく。これは人間が生きていくための知恵であり、日本の自然はルールを守れば持続可能な採取ができる恵みを人々に与えてくれるのである。

このような物に対するこだわりが、現代日本人の「おたく」に繋がっているし、野球でいえばイチローや大谷翔平のように野球「道」を貫く達人は、バット、グローブなどを非常に大事にしていることにもつながっている。

つまり日本人は、物が季節及び日時と密接につながっていることを強く意識しているのであり、その点を無視、軽視した民俗研究は不十分である。この面について伊藤亜人は次のように述べる。少し長くなるが重要な発言なので引用して紹介する。（傍線は筆者）

民俗学の未熟

日本人の心性に迫ることをめざし「新国学」まで標榜した柳田國男も、日本における人と物との関係のあり方に立ち返って、物に対する感性の点から日本人の精神性、霊性、世界観を洞察するという姿勢には欠けていたと言わざるをえない。（傍線は筆者）道理に代わるリアリティとして、次元を異にする物の含意と社会性を指摘した荷田春満の論点は十分に継承されたとはいえない。明治以後の日本では「近代化」という潮流に紛れて、この論点に関してはむしろ後退したというべきかもしれない。民俗学は次に述べる民芸とともに、日本社会の在り方について危機意識ともいえる問題意識を背景としたことは確かであり、記述の対象および直面する社会的・時代的文脈を提示してきたが、その具体的な戦略および展望については、日本が適応を迫られてきた文明社会に対する認識が不十分なまま、今日に至っているように思われる。基本的には民俗学も民芸運動と同様に、東アジアの辺境である列島社会に成立した社会文化的過程であり、文明の正当性を強く意識した運動という性格をよく自覚すべきであろう。それには人類学的な展望を踏まえることが有望と思われる。（中略）

（民族学、人類学と異なり民具研究と同様）民俗学においても、物をめぐる象徴的な意味や信仰や世界との関連、あるいは物の社会性などにも配慮するような、物と人との関係を総合的にとらえる姿勢は未熟であったといわざるをえない。つまり西洋の博物館学とは異なる日本的な物に対する感性・社会性は研究にまでは充分反映されたとは思えない。(95～96頁)

筆者は自然公園化を目指す樹木葬墓地の実践を通して、2005年から2006年にかけて韓国からの国家公務員を含む視察団を受け入れ、その後2006年11月には韓国で講演を行ったり、すでに韓国で完成していた樹木葬墓地や樹木葬墓地候補地を視察した。これらの活動により、中国以上に儒教的要素を重んじる韓国文化を知ることが、日本人の文化的特性を理解する上で大変大事なことがわかった。

日本は四海に囲まれているからといって古代から孤立しているわけではなかった。古くから中国、朝鮮、沿海州、南方諸島などの様々な要素が〝海を介して〟到来しているはずである。それにもかかわらず、沖縄を含めた日本国内だけで日本文化の特性を解明しようとする研究は一考を要するのではないだろうか。

韓国からの視察団

韓国東国大学での講演

東国大学所有林の視察

第三章　重《かさ》ね着《ぎ》文化の古代日本

日本文化の重ね着的特徴

圧倒的な農業生産力を背景にした中国文明は、その力を周辺地域に押し出さずにはおられない。そしてその文明の力をどのように受容したかは、それぞれの周辺地域における自然環境や文化交流などのありかたによって大きく異なることとなった。

とりわけ日本列島の倭人は、日本海、東シナ海、オホーツク海、太平洋と四海に囲まれていることと温暖湿潤な気候に恵まれているため、魚、貝、木の実、山菜など自然の恵みの採集による自分たちの生活習慣に適合する文化を作ることができていた。つまりある程度の気候変動が起きても移動すれば、生活できる別の自然環境を見つけることができたので、その環境に順応することが大事だったのである。そのことが稲作の全国的展開を遅らせていた面があったともいえる。

しかし大陸性気候の地域では日本列島のようにはいかなかった。第二章で前述したように４０００年前頃の気候変動により中国大陸では民族の大移動が起こったが、その後も断続的に大きな移動が行われたと考えられている。そして大陸で秦・漢の統一政権ができると、中国周辺部の民族も影響を受けて国としての自立性を確立していく。したがってそれ以降、大陸での権力者の交代時期を中心とした変動期に大移動の波は朝鮮半島や日本列島にまで及ぶこととなった。

日本も他の中国周辺国と同様、急速に国内統一が進んだ。とりわけ5世紀、中国の魏晋南北朝期の「宋」（４２０～４７９、９６０年から始まる趙匡胤《ちょうきょういん》を太祖とする宋と区別するため、東晋を倒して初代皇帝・武帝となった劉裕《りゅうゆう》から始まる宋は「劉《りゅう》宋」という）に十数度にわたり遣使を送った倭の五王時代は、邪馬台国時代の3世紀から頻繁《ひんぱん》になる国際交流が一層活発化した時代といわれている。朝鮮半島では高句麗、百済、新羅が争う時代になり、戦乱に押し出された形で日本列島を目指す人々も多くなった。その後、遣隋使や遣唐使では数隻で５００～６００人ほどが分乗して中国大陸に渡ったので、逆の流れとして中国からの人々も日本にかなり移住してきたと思われる。

早くから日本列島にたどり着いた人々は当然ながら稲作にかかわる技術や道具類のほか、青銅器、鉄器を作る技術を伝えたと思われる。そして、漢語を理解できる人たちによって疫病など死にかかわる情報をも伝えたであろう。北や南、つまり朝鮮半島と江南地方からの文化流入は、短い年月の間に頻繁に行われ、日本に混沌《こんとん》とした文化的るつぼ状態を作り出したと思われる。

しかし、レベルの高い江南地方を中心とする中国文化を集中的に受容したのは、5世紀・倭の五王時代である。この時代、日本国内の統一を進めるためには、江南地方のレベルの高い文化や技術を輸入するだけでなく、それらを国内で使いこなすのを助けるためにも多くの渡来人の力が必要だった。そのため早くに中国の影響を受けていた朝鮮半島の人材は日本統一のためにどうしても欠かせない存在だった。5世紀後半から6世紀初めにかけてが渡来人のピークの一つだったことは上田正昭、加藤謙吉など多くの古代史研究者が指摘するところである。

それら渡来人を中心にした先進地中国の文化情報の一つが、疫病など「死」にまつわる言葉や自然の猛威にかかわる言葉であり、早くに受容されていたであろう。第二章の「もの」でも触れたが、古代日本（倭の時代）においては様々な和語が漢語の影響を受けて成立しつつあった。とくに得体の知れない自然の猛威は、いろいろな「もの」から発せられると捉えられ、その「もの」から発せられた目に見えない何者かは「け」として理解されていた。この「もの」と「け」の関係は、東京電力福島第一原子力発電所の爆発とウラン燃料の融解によって問題になった放射能の単位になぞらえると、「もの」は物体が持っている放射能の強さの単位「ベクレル」に、「け」は放射能が人体に及ぼす影響の度合いを示す「シーベルト」に近いと考えるとわかりやすい。

「け」は呉音の「気」字があてられた。「け」の子音「え」は、奈良時代には甲類、乙類2類の別があったとされているので、疫病を患ったときの言葉「えやみ」の「ヱ」と同様に長江文明の影響を受けて発生したと考えられる。ともあれ呉音の「け」は疫病の本体、原因と考えられたのである。これらの言葉は日本人知識層によって整理される前に倭国内に定着し、「え」「け」「もの」「おに」が近縁の言葉にもかかわらず、それぞれが独自に日本列島に広まっていった。

一方中国では、周代から死者の霊である「鬼」は陰であり、「神」は陽の性質を持つと考えており、尋常ならざる力を持つ霊は陽が強く「神」になるとした。その後、長い年月をかけ陰と陽から派生する五つの元素的な存在として「木」「火」「土」「金」「水」の五行《ごぎょう》が考えられた。これが五行説である。人間の死霊に関しては、陰の性質を持ったたましいは地上にとどまり「魄《はく》」と呼ばれ、陽の性質を持ち天に昇るたましいは「魂《こん》」と呼ばれた。人間は地上に住むので周りに陰が満ちていることになる。

したがって人間は、しばしば陽の気を取り入れて陰陽のバランスが崩れないようにすることが必要と意識されてきた。数字では奇数が陽なので、1月1日(元日)、3月3日(上巳《じょうし》)、

5月5日（端午）、7月7日（七夕）、9月9日（重陽《ちょうよう》）の節句が重要な年中行事となった。このうち重陽の節句は、陰暦9月は晩秋であるから陰がどんどん強まっていく季節なので、節句の中でもとくに陽の要素を取り入れる必要があると考えられていた。そのため魔除けの赤い実のなる茱萸《しゅゆ》（和名カワハジカミ）を頭にさして、天に近く陽の気が強いと考えた近くの小高い山に登り酒宴を開くのが、陰と陽のバランスを整える古代における科学的な健康法の一つとなった。

節句の行事は、古代中国で定着し、家族で楽しむ娯楽的要素を強めていく。そのため旅先で重陽の節句に合うと寂しさが一入《ひとしお》増してくる。そのわびしさは格好の詩題となる。『唐詩選』に載《の》る王維《おうい》（中国唐代の詩人、高級官僚　701〜761）「九月九日　山東の兄弟《けいてい》を憶《おも》う」と杜甫《とほ》（712〜770）「登高」は最も優れた詩といわれる。ここでは王維の詩を紹介する。

独《ひと》り異郷《いきょう》に在《あ》って異客《いかく》と為《な》り　佳節《かせつ》に逢《あ》う毎《ごと》に倍《ます》ます親《しん》を思《おも》う
遥《はる》かに知《し》る　兄弟《けいてい》高《たか》きに登《のぼ》る処《ところ》　遍《あま》ねく茱萸《しゅゆ》を挿《さ》して一人《いちにん》を少《か》かんことを

（朝日新聞社『唐詩選下』高木正一の訓による）

このような陰陽五行説を基本とする古代科学は、倭（古代日本）にも早くから取り入れられたが、日本における文化的素養の厚みは中国と異なり非常に薄く、その担い手は朝廷が管理する陰陽家や僧侶などに限られていた。そのため3世紀から6世紀初めにかけて江南地方の文化を中心に口頭で伝えられた知識のかなりの部分は民間にだけ残り、長寿を願う節句などの優雅な行事や陰陽五行説などは、少数の知識人たちにより朝廷が行う行事や知識の範囲にとどまっていた。

問題は、知識人たちが論理的に整理する前に民間に土着していた俗語的な単語と風俗の関係である。江南地方から受け入れた言葉や文化は、それ以上に高度に感じられた黄河流域の隋唐による新しい大きな文化的な波が押し寄せてきてから以降、朝廷にかかわる知識人たちは江南地方から輸入した古い文化や言葉を劣ったものとして顧みなくなった。

しかし、仏教や民間に広まっていた「古い」文化や言葉はしぶとく残っていたので、古い層に新しい層が秩序よく重なることなく時代層が明確にならない状態、地質学でいう「メランジュ」(正常に積み重ならず、ごちゃまぜになっている地層)のようになった。これは中国と異なり短い時代の間に知識や技術が集積した結果であり、それぞれの言葉が継《つ》ぎ接《は》ぎのようになり、あるいは襦袢《じゅばん》ではなくシャツの上に和服を着るような重ね着の形で古代和語が成長していったと考えられる。

大陸と島国の文化蓄積と熟成の違い

中国大陸では古くから民族移動が行われ、支配者は時代とともに変遷していった。その中で各部族の文化がときには温和的に融合し、ときには戦争という手段によって劇的に変化する場合もあった。このような社会的・文化的状況下では、他を説得する弁論術が欠かせなくなる。春秋戦国時代に活躍した諸子百家《しょしひゃっか》（学者や学派の総称）といわれる人々はその代表的な存在である。

それに対し日本列島では、狭い地域なので争いが起きるといつまでも尾を引くし、基本的には気心の知れた仲間なのでトップの言うことを聞けばそれで足りるという体制になりやすい。この間の事情を陳舜臣《ちんしゅんしん》は次のように説明している。

支配地のスケールが小さくて、しかも外部からの人間の流入がほとんどないという場合、その小天地ぜんたいが、いわゆる『気心の知れた身内』ということになってしまう。島の長老が片目をとじて合図をしただけで、島民は彼が何を要求しているのか、そこまで察してしまう。そうなれば、説得などは必要ないのである。（中略）

陸続きの中国には、支配地を安心して托すべき海がない。いつも外敵に眼を光らせていなければならず、異分子の流入も避けがたい。島なら土地は限定されているが、大陸の場合は、好むと好まざるとにかかわらず、一つの政権の支配地は、ときには拡大し、ときには縮小する。

拡大すれば、そこには新しい条件が生み出され、異分子を抱え込まざるをえない。それをまとめようとするには、眼くばせ一つで事足りるというわけにはいかないのである。どうしてもゆるがせにできないのは、説得の努力なのだ。（『日本人と中国人〝同文同種〟と思い込む危険』祥伝社　1971　91〜92頁）

「そして身内のなかに反対者や異分子があれば、板のようなものに乗せて、海外（?）に追放したであろう。不具のゆえに海に放流された蛭子の伝説などが思い合わされる。」（91頁）とも陳舜臣《ちんしゅんしん》は述べる。

つまり日本の狭い生活空間で生じた異分子は、他の地域の異分子と結託して元の共同体に反逆することなど考えられないのである。なぜならば狭い空間の各地域は、それぞれが現状さえ守れば生活の持続可能性は保たれると考えていたから、自分たちの生活空間から異分子を追い出すだけで十分であり、異分子を殺したり、他を攻める必要もなかったのである。

この古代における日本的特徴は、江戸時代の死罪に次ぐ重罪を遠島《えんとう》（島流し）としたことにつながるし、江戸・明治以降近年まで続いた村八分（火事と葬式を除いた他は一切交際をしない共同体ぐるみの虐《いじ》め）の悪しき慣習として残された。このようなパターナリズム（父権主義）的傾向は、戦後民主主義の時代になっても続いて、自民党中心のほぼ一党独裁的支配を容認する政治状況を生み出している。また世界的に孤立した制度となっている日本の夫婦同姓制度の変更を認めない、強硬な保守主義者の根強い残存にもつながっていると考えられる。

陳舜臣の言いたいことは、日本の狭い各地域では、お互いの感情を気遣うことですむので「以心伝心」が可能である。しかし、広大な大陸の一角である中国では異分子が多いので「説得」を重視しなければまとめることはできなかったという地域差、環境の差があるということである。つまり私たちは彼我《ひが》の違いを理解しなければならないということである。日本では中国における春秋戦国時代の諸子百家のごとく、議論を深めることができず、すでに高度な文明国であった中国から輸入されポンと出された言葉や道具などの新しい文化に対し、朝廷が嫌う易姓《えきせい》革命、纏足《てんそく》、宦官《かんがん》などを除き、ほぼ抗《あらが》うことなく受け止めることしかできなかった。

このことを示す例としては、鎌倉時代に禅宗や律宗がもたらした新しい文化や道具類に関する言葉を考えるとわかりやすい。その代表例が「行燈《あんどん》」「行脚《あんぎゃ》」である。今まで日本にはない道具や形態なので、当時の中国語である唐音そのままで表記し発音するしかなかった。このようなことが漢語の発音主流の座が呉音から漢音にと移り変わる際に起きたと考えられる。ただし、唐音が入ってきたときには、和語の体制がある程度固まっていたので、新しい禅宗に関する言葉は呉音や漢音と明確に区別できることが多い。現在、唐音として使われているのは百あまりといわれる。

しかし呉音から漢音への移行期では、仏教では呉音がすでに頻繁に使われていたので呉音用語は中世の唐音採用期と異なりしぶとく残ることとなった。例を「行」にとると修行《しゅぎょう》、行列《ぎょうれつ》、行者《ぎょうじゃ》、行住《ぎょうじゅう》坐《ざ》臥《が》など仏教界で使われる言葉の多くは呉音である。ただし、民間で俗語的に使用されていた呉音は、当初は漢字に当てることができず和語的言葉として残り、時間の経過とともに少しずつ漢字が当てられていったと考えられる。「オニ」あるいは「ヲン」と聞きなした言葉は、「遠」「物」などの表記とかかわりながら次第に「鬼」字に変化定着するようになる。（この後「を」と「お」の区別がなくなるので基本的に「お」に統一する）

混沌としたメランジュ状態のまま疫病の「瘟鬼」は、仏教に影響された地獄の獄卒や六道輪廻からの餓鬼イメージを付け加えて、次第に日本独自の「鬼」に変化していく。そのイメージは、朝廷から武家、町民、農民に波及していき、室町期以降、絵物語などで拡散するにつれ酒呑童子《しゅてんどうじ》などで表される怖い者イコール強い者という面も現れてくる。そして江戸期には陰陽道と修験者の影響で鬼門から派生した丑寅《うしとら》の方角、及び冬から春への移行期を象徴的に表す鬼は、やがて訪れる春への期待と結びつき「まれびと」的な面も付け加える。このような日本的「鬼」の姿については多くの研究者がすでに著述しているので、それらを参照してほしい。

その鬼の変化では、中国において疫病への恐れからそれを鎮めるためのもてなしの面もある「追儺《ついな》」が行われ、疫病の主体は次第に「瘟神《おんしん》」として神格化されていった。一方、日本では絵巻、絵本などを通して鬼の姿を具象化する方向へ進んだ。

メランジュ状態下での「怨霊《おんりょう》」「御霊《ごりょう》」

5世紀から6世紀にかけ多くの江南文化を集中的に学んだ日本だが、それらが十分に熟成しないうちに黄河文明が怒涛のように流入してきた。このメランジュ状態を解明するためには、民俗学、日本史学など狭い分野の研究を極めるだけでは不可能である。

山口建治は「鬼」についての考察を当て字の問題から始め、民間文化伝播のあり方を対象として、中国言語学と「瘟鬼《おんき》」「儺《な》」などの民間行事との関係を考察し次のような方法論を考えた。

彼我の民間文化を照らしあわせながら、「見た目の和語」の漢字語源をひとまず民間伝播におけるミッシングリンクとして措定《そてい》し、それを手がかりにさらにくわしく比較検討を加えれば、民間文化伝播の道筋が見えてくるのではないかと考えた。（20頁）

この山口のアプローチで「瘟鬼」を追い払う「儺」の行事と関係して生まれた「怨霊《おんりょう》」や「御霊《ごりょう》」という言葉の性格が浮かびあがってきた。

第一章でも少し触れたが、民俗学研究者は「怨霊」や「御霊」の起源を考えないため、大変混乱した見解を述べている。その典型的な例が桜井徳太郎『霊魂観の系譜』でも見られる。

彼は「一般に怨霊《おんりょう》と御霊《ごりょう》を混同して解されているのは遺憾な風潮だと思う。」として梅原猛《うめはらたけし》の説を例に出し、次のように述べる。

最近は、歴史上の事件を怨霊《おんりょう》やシャーマニズムで解釈する風が大流行で、法隆寺の建立《こんりゅう》を蘇我《そが》氏に疎外された聖徳太子とその遺族の怨霊を封じこめるためだとする梅原猛氏の新説が、世の関心をあつめている。（『隠された十字架』１９７２）

ただ、梅原氏がきわだってそうであるというわけではないけれども、一般に怨霊《おんりょう》と御霊《ごりょう》を混同して解されているのは遺憾《いかん》な風潮だと思う。怨霊は王朝時代のそれが典型的に示しているように、亡霊の怨念が晴らさることを限定として回向供養されるように図られている。菅原道真《すがわらのみちざね》の怨霊を鎮めるために北野神社が創建された例が、もっともよくそのことを示している。けれども御霊というのは、それとはちがう。すなわち怨霊の霊威《れいい》がますます盛んとなり強くなるのは前者と同じだが、その霊力によって民衆に禍疫災害《かやくさいがい》をもたらす原因のことごとくを祓除《ふつじょ》することができると考える。そうした霊的存在がすなわち御霊なのである。（段落替えは筆者）

だから怨霊観念では怨念の強いことが人びとにとってたいへん困ることになる。けれども御霊信仰においては、怨念の零位が強ければ強いほど効力があるのだから、いっそう人びとの信仰を獲得することができる。

私は古代信仰のなかでは怨霊が問題となるけれども、中世で注目されたのは御霊ではなかったかと考えている。尊氏の安国寺利生塔は、まさにこの御霊信仰的発想にもとづくものではないだろうか。（76～77頁）

桜井の説では「怨霊」と「御霊」の発生時期などを始めとする歴史時間的な考察が抜けている。桜井は、古代「怨霊」、中世「御霊」という発展順を独断的に想定して述べただけである。菅原道真の霊を慰めるために建立した北野神社にしても、後に学問の神様として尊崇されるようにご利益《りやく》が得られる信仰となったことを考えるならば、桜井の言う御霊信仰とどこが違うかがさっぱりわからない。桜井徳太郎は、上述の指摘をしたあと次のように締めている。

こうして、古代の呪詛《じゅそ》やもののけから展開した中世的怨霊、そして謡曲「船弁慶《ふなべんけい》」にみられる知盛《とももり》の亡霊など文芸の世界で描かれる霊魂観と、民間で示される御霊信仰と、この三つの相違を、もう少しほりさげて考えなければならない段階に到達したことだけはいえそうである。（79頁、傍線は筆者）

この締めの文章の傍線部分が端的に示していることは、彼が「もののけ」「怨霊」「御霊」などの定義があいまいなまま時代順に並べたに過ぎないことと、「御霊信仰」が民間とかかわりがありそうだということを述べたに過ぎない。この内容では彼が「民俗学における古代研究」の項で折口信夫《おりくちしのぶ》の研究手法を非難して次のように述べたことは自分自身に跳ね返ってくるのではないか。

方法論のうえから科学的根拠を提示し、その可能性を理解してもらうための努力を惜しんではならないことを強調したい。（16頁）

桜井徳太郎が『霊魂観の系譜』を著《あら》わしたのは1989年であるが、その9年後、飯泉健司が『国文学解釈と観賞』（1998年3月号）「御霊研究の研究史」で、「御霊」について貞観5年（863）に「朝廷が御霊会を営む以前、民間で類似の御霊会が既に成立していたことは今日ではほぼ通説化している」と言及しているように、すでに古代において民間で先行して「御霊信仰」が行われていたことは知られていた。さらに「怨霊」についても、桜井の説は時代性とその内容が何を示すのかが曖昧《あいまい》なまま近現代的な意識のまま使われている。

「怨霊」の初出は、奈良・平安時代の朝廷で編纂された六国史《りっこくし》の『日本後紀』延暦24年（805）の記述で、その他の六国史には出てこないとされる。『続日本紀《しょくにほんぎ》』の奈良時代の記述においても「怨霊」は出てこず、流行性の疫病は全て疫気「えやみ」と書かれている。そして宝亀元年（770）「疫神を祭る」として以来疫神が初出し、「大般若経」を転読したと書かれている。

中国文化の輸入に熱心だった桓武天皇の即位は天応元年（781）で、怨霊初出の少し後という時代である。大化の改新（645年）以降、唐の太宗による「貞観の治」や玄宗による「開元の治」といわれる盛唐の文化的エネルギーはすさまじいので、その影響は数十年遅れで日本にも届いていたであろう。その流れの中で国家的な疫病対策に密教的な仏教が登用されてくるのである。

国家体制が整備されるにつれ、税収の面からも疫病によって民草の人口減少は問題になる。そのため従来行ってきた在地の神々に頼るだけでは物足りなくなり、高度な文化を持つ唐から学んだ疫病を払う様々な方法がとられてくる。そのなかでも「大般若経《だいはんにゃきょう》」や「金光明最勝王経《こんこうみょうさいしょうおうきょう》」などの利益《りやく》が脚光をあびてくる。

「大般若経」は、文武《もんむ》天皇大宝3年（703）に藤原京四大寺で読経が行われたと『続日本紀』にある。また聖武《しょうむ》天皇神亀2年（725）には宮中に僧600人を動員して災異を除くために読経したことが載る。さらに唐に16年間留学した道慈《どうじ》（672頃〜744）が天平9年（737）に大安寺「大般若経」転読の国家仏事化を奏上し認可を得たことが示すように、天平時代には仏教による除災が一般的となった。

しかし、民間においては、朝廷のように大がかりな儀式はできないため、雑密《ぞうみつ》といわれる空海以前の密教による験者《げんざ》（修験道の行者）や陰陽師《おんみょうじ》あるいは神祇《じんぎ》（天の神と地の神）に除災を依頼するしかなかった。日本全体を考えると仏教は朝廷や貴族において影響力が強くなったが、民間を含めると宗教状況はメランジュ状態にあったといえるのである。このような宗教状況のなかで「怨霊《おんりょう》」と「御霊《ごりょう》」に関して、8世紀後半から9世紀後半にかけての用例を検討した山口建治は、次のように述べている。

「怨霊」の語は、中国の各種データベースでも検索できず、どうやら和製漢語のようである。（160頁）

そして尊敬（橘在列《たちばなのありつら》）「延暦寺仁王会《にんのうえ》呪願文」、「延暦寺護国縁起」、藤原成季「太政大臣造九條堂」、令明朝臣「地神供祭文」の4つの用例を引いた後、次のように述べる。

これらの用例を見るかぎり、平安時代の怨霊は、いずれも特定個人の怨霊ではなく、癘鬼・疫鬼・物怪・邪気などと並列される、これらと同類の観念であり、宗教的な祭儀の対象と考えられている。平安期の怨霊は、疫鬼としての鬼（オニ）とほとんど同じ観念なのである。（161頁）

現在の臨済宗で読経後に読む「回向文《えこうもん》」（読経の功徳を衆生に振り向けることを読誦《どくじゅ》する文章）には、日本国中の神祇、餓鬼、幽霊などが列挙されている。他の宗派でも似たような形で読誦することが多い。最澄や空海が帰朝してから後の9世紀では、日本国中の土地神や諸所霊を読みあげる形が定着してきたので、「瘟《おん》」よりわかりやすく厳《いか》めしい字面の「怨《おん》」の字を使い始め、それを陰陽道《おんみょうどう》や神祇官も使い始めたと考えられる。

陰陽道研究者の野田幸三郎は「陰陽道の一側面—平安中期を中心にして」（陰陽道叢書①古代　1991　名著出版所収）で次のように述べている。

所謂もののけは、一般に、九世紀はじめより盛行し、更に村上天皇の頃より、例えば、藤原元方・同顕光の霊の祟るに及んでその頂点に達したとされる。しかし、ここに、もののけと称されるものに、実は二種の区分が存するのではなかろうか。

「もののけ」を、漢字にあてて表現する場合、一般に、物気・邪気・霊気・鬼気等が用いられるが、物気・邪気・霊気等は、一般に特定の個人、乃至は、諸神仏の霊である場合が多く、鬼気の場合は、非個性的な、非個体的な霊を意味する如くで、このような区別は、理論的にも然るべきことと考えられる。（142頁）

野田が述べるように、最澄・空海が帰朝してからの宗教界では仏教が影響力を増し、陰陽道や神祇官などにも影響を与えたと思われるのである。その影響は陰陽道と神祇官との力関係にも表れ、村上天皇（在位946〜965）の頃は、鬼気によると考えられた疫病などを除災する職掌《しょくしょう》（担当する職務）が変化しつつあった。従来は神祇官が管掌《かんしょう》（つかさどること）することが多かったが、次第に陰陽道が管掌するようにもなった。そのことを示す資料が『類聚符宣抄《るいじゅうふせんしょう》』（天平9年から寛治7年までの法令集）第一・御体御卜条（天暦6年・952）とされる。

この時期以前は、神祇官である卜部《うらべ》と陰陽師《おんみょうじ》がともに式占《しきせん》（うらないの一種）、日時や方角について吉凶などを調べて上申することや攘災招福《じょうさいしょうふく》（災いを除き福を招く）を目的とする呪術・祭祀の執行などを行っていたが、次第に陰陽道が担当することが多くなった。

この動きは陰陽道の世襲家である賀茂氏と安倍氏の果たした役割が大きかったと思われる。とくに賀茂保憲《かものやすのり》とその弟子である加茂光と安倍晴明らが朝廷と密接な関係を持ったことが大きかった。とくに陰陽道の教科書的なテキストとなった『占事略決《せんじりゃくけつ》』の著者とされる安倍晴明は、藤原道長に重用《ちょうよう》されたので以後、陰陽道が神祇官の卜占《ぼくせん》（うらなうこと）を奪っていった感がある。権威づけに成功した安倍氏はその後、晴明の名を借りた著作物『簠簋内伝《ほきないでん》』を作成してさらに権威を増し、朝廷による祭儀だけでなく貴族などの個人的な卜占や除災招福にまで活動の幅を広げていく。彼らのPRが成功したことは、『今昔物語集』巻24第16「安倍晴明、忠行に随ひて道を習う語《こと》」で示されている。

御霊と民間信仰

「御霊」を「ごりょう」と読む場合は、一般的な霊を「みたま」という場合と異なることは通説でも意識されている。広辞苑の説明をあげる。

霊魂の尊敬語、のちに尋常でない、祟《たた》りをあらわす「みたま」についていった。

また宗教学者の堀一郎は『我が国民間信仰史の研究（二）』で次のように述べている。

所謂霊魂一般の呼称であるミタマが、観念の上でも二つに分かれ、清く和やかなるものをミタマと呼び、祟咎あるものを特にゴリョウと発音して区別するようになった。

このような通説に対して山口建治は「このような、ミタマの漢字表記である御霊を音読みと訓読みで区別するというのは、いかにも後知恵でしかない。」とし、近年の通説である朝廷での最初の御霊会《ごりょうえ》（貞観5年・863）以前に民間ですでに御霊会的なものが行われていたという立地点から考察をはじめた。

そして江戸後期の歌人、香川景樹《かがわかげき》の門に学んだ国学者・神官であった鈴鹿連胤《すずかつらたね》『神社覈録《かくろく》』八所御霊宮　上下二社の項に「御霊五前の事は（中略）奉幣五霊社、また親長卿記にも、五霊とあれば、五前の霊を祭られたるよりの社号ならん」としたこと、また柳田國男が「雷神信仰の変遷」で鈴鹿の記事にふれて「京の御霊社はもと五霊であって、後に三所を追加した証拠ありといふ人がある」といったことなどをあげ、「五霊」にこそ本来の意味があるのではないかと追究した。しかし後に柳田は「御霊が五郎に間違ったのには猶仔細がある」として御霊を渡来の蛮神として見なすのは放棄したようだ。（山口165頁）とする。

柳田が外来からの影響を嫌ったせいもあるが、彼が蛮神説を捨てたのも一理ある。筆者が海に近い津軽地方で取材旅行をしていたとき、路傍の石塔に変わったものを見つけた。それには「胸肩神」と刻まれていた。おそらく海に近いこともあり宗像神を祭ったものが、この当て字表記のせいで恐らく地元では身体の苦痛を去る神様として次第に尊崇されたのであろう。柳田も五霊という表記は五郎同様、このような当て字が引き起こしたと決めつけてしまったのだろう。

一方、山口は中国の民間で信仰されていた五道神の疫神が日本に来て、祇園信仰の祭神である武塔神（牛頭天王の別名）となったと推測する。そして「ゴドウ（五道）とムトウ（武塔）

は、隋唐代の発音は、ŋudauとmiutapで大分違っているが、語頭のŋとmはともに鼻音であり、発音上の差はさほど大きくなかった」（174〜175頁）とする。

　中国での五道神については、山口の175頁以下に詳しいのでそれを参照してほしいが、五道神が亡者を差配する神であったことは吐魯番《とるふぁん》墳墓から出土した随葬衣物疏《ずいそういぶつしょ》（中国古来の習俗で、死者の通行手形として埋葬された文書）にあることで明らかである。

　中国での民間信仰では五行説をよく使うので、道教はあらゆる方向から来る疫鬼を差配する疫神を、五道に目を光らせている神である五道神として措定した。この説は仏教の六道輪廻に触発されて成立したと考えられている。道教の一派で南北朝時代に成立した天師道の戒律書『女青鬼律《じょせいきりつ》』巻六には、五鬼主それぞれの生命と司堂病名を記している。東方は青鬼の劉元達で悪風の病、南方は赤鬼の張元伯で熱毒の病、西方は白鬼の趙公明で註炁《ちゅうき》の病、北方は黒鬼の領士季で悪毒霍乱《かくらん》心腹絞痛の病、中央は黄鬼の史文業で瘡癉《そうたん》腫の病などとあげる。（73頁）

　中国の南北朝期の志怪小説や代表的な説話集である南宋の洪邁《こうまい》による『夷堅志《いけんし》』など、すべての説話では登場人物や伝承者の名前が書かれている。それは司馬遷の『史記』以来の伝統でもあり、『史記』の紀伝体という人物に焦点を当てた記録の影響が大きい。伍子胥の話などは、唐代の語り物「伍子胥変文」などで広がったことが示すようにその復讐談は、まさに「講釈師見てきたように嘘を言い」という俗謡にピッタリの面白さがある。こういう面に関心のある人は落合淳思『古代中国　説話と真相』(筑摩書房　2023)をお読みいただきたい。

このように事実であるということを強調するためには、登場人物名とその生きた時代名は欠かせないのが中国の伝統となった。したがって五道神の名前もリアルな実名風にかかれているのである。日本においても女性の語り口に仮託して書いた『伊勢物語』などには同じような意識が若干見受けられる。つまり日本では「かたり」は真実性を求められたが、「はなし」はその束縛から放たれているということになる。

日本に移入された道教的要素は、日本では必要とされない事実性の強調部分は関係なくなり、「五霊」という疫病退散のための神としてだけ民間に伝わり残ったのであった。

山口建治は、日本古代の疫神祭祀と御霊会にかかわる問題を次のようにまとめている。

1　疫神が鬼(オニ)とされる理由は、オニがほんらい疫神・瘟鬼だったからであると容易に説明できる。

2　御霊会は、ほんらい非業死した五人を祭神にしたてて疫病を避けようとした渡来系住民たちの祭儀であり、五霊会と称すべきものだった。その祭祀場所に五霊社ができ、後に御霊社と称されるようになった。ゴリョウに種々の表記があるのも、それがもともと五霊であり御霊ではなかったからである。

3　崇道《すどう》天皇の怨霊（オニ・リャウ）は、一般の人々には疫神鬼（オニ）と同一視されて受け取られた可能性がある。「中央の政治的失脚者の怨霊がなぜ疫病の原因として一般民衆の間で祭祀の対象になったのか」（高取正男「御霊会の成立と初期平安朝の住民」、柴田実編『御霊信仰』雄山閣所収）という難題も、怨霊オニ・リャウ自体が、疫神オニの意に受けとられたと考えれば済むことになる。

日本古代の疫（瘟）神としての鬼（オニ）は、大陸の瘟神信仰に由来しており、列島内部では怨霊・御霊とも称された。それは瘟神が伝播して起こした波紋であり、土着化過程での変異であったといえるであろう。（166～167頁）

以上の山口建治の考察により、「瘟」から生じた「鬼・オニ」、さらに「瘟神」信仰から生じた「五霊」（「御霊」）などは、3世紀から6世紀にかけての中国文化移入期のメランジュ状態が生み出した言葉だったことが明瞭になった。そしてその後の「鬼」の展開は、仏教、修験道、陰陽道などの影響や女流作家たちの「仮名」による文学、さらには庶民をも対象にした絵巻物などによって日本的な特長を強く持った展開をしていくのである。

第四章　ミッシングリンク追究のためにも
アジア的視野を

アジアを軽視し西洋と安直に対比する研究の問題点

5世紀から6世紀にかけ中国の江南地方から集中的に日本に伝わった文化や技術は、黄河流域から朝鮮半島経由で伝わった文化・技術とそれ以前から日本列島に根づいていた縄文文化と混交しメランジュ状況を作り出した。このような状況から生まれてきた「もの」「け」「おに」などの語を純粋培養的に日本列島で発生したと考えがちな民俗学などの問題は、第二章で伊藤亜人『日本社会の周縁性』からの引用で指摘したとおりである。

それでは伊藤亜人は日本文化をどのように捉えているだろうか。それを端的に示しているのが次の文である。

技術経済の発展と国際化が進む中で、この列島における土着の文化・社会伝統ついて、その特質が十分に自覚されているとはいえない。一見したところ様相はずいぶん変わったように見えても、基本的な感性と表現の面では大きな変化なく温存されているといってよい。

日本人の生き方、人間観や社会観には、普遍性のある理念や価値に対する関心が薄く、論理体系的な思考行動よりも個々の状況にふさわしい判断を重視する姿勢や、連続的で包括的あるいは多元的な視点や思考が根強いことに、ほとんどの人はあまり自覚を迫られることなく、また不安も引け目も感じることなく過ごしているように見受けられる。（99頁、傍線は筆者）

明治以降、日本文化の特徴を極めようとする試みは、西洋文化との比較を重視し、その傾向は現在まで続いている。絶えず新しい欧米の思想を日本に紹介し、「独自」の論点を交えて時代の寵児《ちょうじ》たらんとする人が続いている。しかし、それらの研究者は日本人が古代から中国文化の影響をどのように受けて日本的に土着化させていったのか、また同様に中国文化を受け入れて土着化してきた朝鮮半島の国々の文化について、ほとんどの研究者は無視してきた感が強い。

明治以降、世界に目を向け、かつ実践的に研究活動をした南方熊楠《みなかたくまぐす》（1867〜1941）

は、多方面に関心を持ち実践した稀有な人物である。その全体知へ迫ろうとする志向は、日本を飛び出しての調査旅行に見られるように地球規模から宇宙に広がる空間時間を対象にしており、その独自性は自分なりの曼荼羅図作成にうかがわれる。筆者のような貧弱な知識しか持ち合わせていない者はとても切り込める相手ではない。

しかし、熊楠の本領は該博な知識だけにあるのではないと筆者は考えている。私たちが重視しなければならないのは、彼の神社合祀に反対する実践にある。その姿勢を端的に示すのが次の文である。引用は芳賀直哉『南方熊楠と神社合祀―いのちと森を守る闘い―』(静岡学術出版教養ブックス　２０１１)による。

有名なる老樹巨木を一本一本保護すべきは勿論だが、左迄《さまで》名の聞えぬ草木でも、学術上土地の名を挙げ、又後日大《おおい》に所ろの為になるものも多いから、神林という神林は全く其《その》儘《まま》其下に生えた雑木小草迄も天然のまま生し置かんことを望む。(南方熊楠「老樹保存に就いて」『父南方熊楠を語る』96頁　日本エディタースクール出版部　１９８１)

このような熊楠の姿勢を社会学者の鶴見和子は『南方熊楠』(講談社学術文庫　１９８１)で「エコロジー運動・公害反対運動の先駆」と評価している。確かにそういう面があることは間違いないが、それ以上に「地域」を守ろうとする姿勢を評価することが大事だと筆者は考えている。

熊楠は粘菌研究者として「雑木小草」までも重要だとしたが、その言には土壌に棲む菌類なども念頭にあったことは間違いない。現在、生物多様性に関する締約国会議（COP）で森の土壌から得られる抗生物質などの発見につながる菌類の権利などが問題になるが、熊楠はそれを予見していたかのようである。

しかしそれ以上に土地を重視する熊楠の姿勢は、日本文化の土着的な特性を考える上でもっと重視すべき視座だと思う。粘菌という極小の世界から宇宙図ともいえる曼荼羅世界を見すえている熊楠の姿勢は、古代ギリシャにおいて世界の完全性を表すために考えられた、自分の尾を飲み込んでいる「ウロボロスの蛇」と繋がるように思われる。

また曼荼羅で見ると、仏の世界から衆生世界に救済の力が向かう面を表す「金剛界曼荼羅」より、衆生世界から仏の世界に向かう「胎蔵界曼荼羅」が日本人に好まれてきたことと通じるのかもしれない。

さらに近年天台宗で問題になった「照千一隅《しょうせんいちぐう》」か「照于一隅《しょううい ちぐう》」かの論争を思い出す。文字「千《せん》」と「于《う》（おいて）」は写本では判定しにくく間違うことが多々あるので論争になったのだろう。一般的には仏の救済力が隅々まで及んでいるとする「照千」が妥当であろう。

禅宗ではこちらを使う。しかし、長年「一隅を照らす」すなわち個々人がそれぞれの分を守ることで仏の世界に近づくことができるとする「照于一隅」のほうが好まれてきた。

これらのことは、列島人が**自然の恵み（生態系サービス）を生み出す土地を、ある種の力を持つ「もの」として捉えてきたこと**と繋がるのである。とくに生産性の高い稲作が定着してからはますます土地の持つ価値は貴重になり、武士の世界になると命をかけて守るべき存在となったので**「一所懸命《いっしょけんめい》」**という言葉が定着した。（ちなみに戦後の当用漢字制定時にこの言葉は一生懸命に統一された。これは文化的背景を軽視した決定と筆者は考えている。）

このように熊楠の姿勢は、泥臭く土着的要素が強い。しかし、そこから曼荼羅やウロボロス的な宇宙図の世界に飛翔する面を熊楠が強く抱いていたとしても、その点だけを特大視して論を展開するのはいかがなものか。中沢新一はその代表格であろう。彼は熊楠の思想をトーテミズム哲学と位置づけ音楽的要素と生命哲学的要素を組み合わせて解き明かす。筆者は実践者であり中沢のような西洋哲学や音楽的面は全く無知であり彼の熊楠論は評価できかねるので、芳賀直哉の『南方熊楠と神社合祀―いのちの森を守る闘い―』２０２～２０３頁を引用する。

南方マンダラにおける心・物・事・理の四不思議とカント三批判書の主要概念である

「判断力および感性」・「物自体」・「実践理性」・「純粋理性」がそれぞれ対応するとの指摘は、わたしの理解を超える。著者はこだわりなく、これこそ熊楠的思考だとでもいうように、媒介項となすべき論証なしにいともやすやすと跳躍する。その傾向はこの問題にかぎったことではない。他のテーマではその直感的ひらめきに「なるほど」と感服することも多々あるのだが、南方マンダラとカント哲学を対応させて論じるのはいささか牽強付会の感がある。

筆者は芳賀直哉の意見に同調する。近年の研究は精緻性が求められるため狭い範囲を深く追究する姿勢が強くなっている。そのおかげで日本論、日本人論の分野では新しい知見などが積み重なってきた。しかし、その一方、日本人は明治以降、西洋文化をモデルにして追究してきたため日本における土着的文化の深い分析なしに西洋思想との比較に走りがちになる傾向も強くなっている。中沢の展開にもそのような傾向が見られる。例えば「理」「物」などアジア的要素を論究するならば、まずもって華厳宗における「事事無礙法界《じじむげほっかい》」(すべての現象と現象の間にさまたげがないこと)を中心とした「四法界《しほっかい》」を念頭に入れてその上での「理事無礙法界」などの「理」を日本人がどのように受容し理解してきたかを述べるべきであろう。すぐにマンダラからカントの認識論的なところに跳躍するのは理解できない。

筆者の研究対象であった虎関師錬は、『華厳経《けごんきょう》』的な法身《ほっしん》論より『楞伽経《りょうがきょう》』を高く評価し、『楞伽経《りょうがきょう》』の法身論が「簡で要を得ている」としているが、そのような受け止め方自体がたぶんに日本的だと思われる。仏教では「理」と「事」だが、儒教では「理」と「気」の対比となる。

この「理」と「気」に関して中国哲学の溝口雄三は「中国の「理」」（『文学』岩波書店 1987・5）の注で次のように日本人における認識論、存在論の進め方に問題点をあげている。

理気論に対してヨーロッパ哲学流の認識論、存在論を分析視角とすることには慎重を要する。ヨーロッパでは、ギリシア時代から現在に至るまで、存在の本質や根拠、法則性の問題、存在における認識の主観や客観の問題は、神の問題に関連すると否とにかかわらず一貫としたテーマとして続いており、したがって神や理性考察する上で、存在論的、認識論的な分析は当然有効であるし、不可欠でさえある。しかし、理気論体系自体ならまだしも、少なくとも理―政治・社会上の約束概念でしかない中国の理―を通時的に考察する上でどこまで有効であるか、大いに問題がある。（『中国思想のエッセンス1』岩波書店 2011所収 245頁）

中沢新一が自ら得意とする欧米思想や音楽理論を組み入れて展開する論は、芳賀のいうように「跳躍」しすぎておりナルシズム的なにおいがする。筆者は僧侶であるとともに自然再生の実践家であるので、中沢がオウム真理教の麻原彰晃を高く評価した姿勢に嫌悪感を抱いた一人である。麻原の反社会的な宗教姿勢を評価するなら、その社会的実践を注意深く見て判断すべきであった。麻原の危険性については、ジャーナリストの江川紹子が1991年3月に、『救世主の野望』(教育史料出版社)で詳細な調査結果を紹介している。泥臭い実践家であり、そのためには的確な現状分析が何より重要と考える筆者にとって、飛び跳ねた観念論より、江川の地道な調査報告こそ信頼できるのである。

中国文化の日本における需要と土着的文化形成に果たした女性の役割

筆者の感情が思わず出てしまったので、回り道をして仏教についても述べておく。まず日本人僧侶であるとともに研究者でもあった以上、日本仏教とくに各宗派が軽視ないし無視し勝ちだった要素を四つあげておく。

一つは、日本(倭)最初の出家者と『日本書紀』で伝承される渡来人司馬達等《しばたっと》の娘・嶋(善信尼)から始まる尼僧の活躍とその推移である。善信尼は『日本書紀』によれば、崇峻元年（588）に学問尼として百済に留学し、戒律を受け、帰国後は迫害に遭《あ》いながらも多くの尼の指導者になったと伝えられている。彼女が女性だったことからシャーマニズムとの関係はいろいろな視点から分析する必要があるが、もっと重要なのは、長江下流の江南地方から朝鮮半島西部にいたる黄海をはさむ地域の文化圏のことである。南朝系の文化を受け入れていた百済で善信尼は2年間留学していたので、その間仏教だけでなく道教的なもの、日本独自の発達を遂げる陰陽道に繋がる文化なども当然受け入れていたことであろう。

第二には、律令制度の整備が進む中で官尼の活動が衰退していくが、養老6年（722）の太政官奏に「平城京に在住する僧尼たちにしたがって信心する女性が増加している」としているように、行基《ぎょうき》（668〜749）集団など私度僧《しどそう》（官から認められていないで僧になる者）のもとで信者になった女性が多かったことは注目すべきである。

仏教と女性の結びつきは、中世以降も、古代と同様に尼寺に居住して活動する尼だけでなく、勧進活動で諸国を遍歴する尼も多かったことが知られている。また室町中期の官人中原康富《なかはらのやすとみ》（1399〜1457）の『康富記』には、源氏物語を読む「源氏読比丘尼《びくに》」がしばしば中原康富家に訪れた様子が描かれているように、女性の文芸活動は中世の猿楽《さるがく》から能、狂言にいたる日本芸能史だけでなく日本論の中でもっと追究されるべきであろう。また紫式部の『源氏物語』と石山寺の関係が示すように、仮名による文学や、絵物語などは女性を抜きにしては語られない。真名《まな》（漢字）が正式の文章とこだわった男社会と異なり、日本の社会や文化において日本化、土着化を進めた上で女性の果たした役割は大きい。今後の日本（人）論においては、日本化・土着化を考える上で女性が多方面で活躍した影響を俯瞰して考察する必要があると思われる。（傍線は筆者）

さらに社会の底辺まで影響を与えた既成仏教教団については、『法華経』提婆達多品《だいばだったほん》の女性を劣ったものと見る「五障」「女身垢穢《にょしんくえ》」「変成男子《へんじょうなんし》」などによる影響が根底に続いていることを反省しなければならない。各宗派祖師たちの開明な思想も後継者により男性出家者の優先度が強まり、女性の活動は次第に表舞台から消え影を薄くしてしまった。現代において新興宗教団体（エホバや統一教会などのキリスト教系を名乗る新興宗教も含む）に女性が多く誘引させられているのも、これまでの既成仏教宗派教団のあり方に反省を促す現象といえるのではなかろうか。女性と仏教については、勝浦令子『古代・中世の女性と仏教』（山川出版社　日本史リブレット　２００３参照）と吉田一彦『古代仏教をよみなおす』（吉川弘文館　２００６）の「Ⅲ　古代の女子と仏教」の一読をお薦めする。

第三に、筆者が属する臨済宗について述べる。現在は江戸時代の１６５４年に63歳で来朝した隠元隆琦《いんげんりゅうき》禅師が招来し、現在まで引き継がれている修行道場の集団による修行形態と、白隠慧鶴《はくいんえかく》禅師（１６８５～１７６８）の公案による問答形式ですべての修行が行われている。このような主流派となった法系による教団史、禅宗史とは別の角度を含めた形で日本文化とくに地方に果たした役割を見直す必要がある。

一例として、正式な国交がなかった元（1297～1368）に多くの日本人がわたり、彼の地で修行した禅僧がもたらした文化を見直すことである。入元した禅僧たちは当時評判だった念仏も重視した中峰明本《ちゅうほんみょうほん》（1263～1323）に参禅している。（この系列を幻住派という）入元して中峰に参じ帰国後、甲斐の恵林寺《えりんじ》に住した古先印元《こせんいんげん》（1295～1374）のように地方で活躍した禅僧たちも多いので彼らの働きと影響も今後追究が必要な課題であろう。

また筆者の研究対象であった中巌円月《ちゅうがんえんげつ》（1300～1375）も前述したように入元僧であり、正中2年（1325）から元弘2年（1332）と7年間にも及ぶ中国での修行生活があるので、禅の境地を表す偈頌《げじゅ》や漢詩のレベルは高く一目置かれる存在であった。しかし、自分の師匠を公に証明する機会に普通は受業《じゅごう》の師をあげるのだが、彼は中国百丈山で修業したときの師匠・東陽徳輝《てひ》の名前をあげた。このとき40歳であった。この日本の慣習に従わない行為のため中巌は鎌倉で種々の迫害を受け、官寺に就いたのは50歳で寿福寺全提志令のもとで同寺の前堂首座《しゅそ》に就いたときで、いかに彼が迫害に遭っていたかが知られる。このような中巌に救いの手を伸べたのは中国との交流に積極的だった豊後杵筑の大友貞宗であり、その後も上総利根荘の領地に造営した吉祥寺を大友氏から任されている。

これらの入元僧は、念仏禅が行われていた元代の江南地方で主に修行したので、京都や鎌倉の大寺に長年住した主流派とは異なり、本格的な中国の文化を身につけていただけでなく、幻住派の隠遁《いんとん》を好むような禅風の影響もあること、さらに地方において教化を図ったことは中国文化と日本的土着文化の融合を考える上で重要と思われるのである。ところが禅宗史の分野では、この面での研究を含めた俯瞰した史論の深化が見られてはいない。今後は地方史の研究進展を期待するしかない状況である。

また、禅宗では「自然《じねん》」という言葉をよく使うし、日本仏教全般では『涅槃経』の根本思想の一つ、如来は涅槃を本質としているので常住で不変であるという「如来常住無有変易《にょらいじょうじゅうむうへんにゃく》」とならぶ他の一つ、すべての衆生がみな仏陀《ぶっだ》としての本性を具《そな》えているとする「草木国土悉有仏性《そうもくこくどしつうぶっしょう》」をことのほか重視する。禅語では「草木国土悉皆仏性《そうもくこくどしっかいぶっしょう》」を使う。

この言葉により、仏教が近代的な意味での自然保護につながるような意識を持っていたとするのは誤りで、インドや中国においては、自然と人との距離感は日本とはまったく異なることに注意すべきである。

そのことを深く理解するためには、禅宗を生む根源の要素、老荘思想の『荘子《そうじ》』、とりわけ「荘子《そうし》」（＝荘周）の後人による『荘子』雑篇「庚桑楚《こうそうそ》」の説話などの影響を知らなくてはならない。この篇は庚桑楚とその弟子、南栄趣《なんえいしゅ》および庚桑楚とその師・老聃《ろうたん》（＝老子）

の問答を載せた説話で、「この問答は後の道教で重視されたばかりでなく、中国仏教とくに禅宗とも密接な関連をもつ。」（福永光司『荘子』外篇、雑篇　朝日新聞社　1967）とされる。また中国哲学の福永光司《ふくながみつじ》は続けて次のように述べる。

「庚桑楚一篇は都《す》べて是れ禅」とは、南宋の大儒朱熹《しゅき》の言葉であるが、この南栄趎説話の構成は唐代禅宗における臨済義玄《りんざいぎげん》と高安大愚《こうあんたいぐ》および黄檗希運《おうばくきうん》の参禅問答を彷彿させ、説話の内容をなす問答もさながら禅問答を想わせる。（たとえば「子《きみ》、何んぞ人と偕《とも》に来たることの衆《おお》きや」と老聃《ろうたん》に詰問された南栄趎が懼然として後を顧み、「今は吾れ吾が答えを忘れ、因りて吾が問いを失う」と答えるあたりの応酬など）

中国仏教は、当初翻訳によるもので知識階級にとっても理解しやすくはなかった。ところが西晋時代（265〜316）になり老荘思想が広がり、竹林七賢などによる清談が流行する時代の流れから、僧侶も老荘思想を借りて仏教思想を説くようになった。これを「格《かく》義《ぎ》仏教」という。西晋から東晋にかけて流行したこのような老荘思想とのかかわりの延長線上に禅の発生があることを禅宗僧侶は知っておくべきであろう。

したがって老荘思想と禅仏教の違いを人に説明するのは簡単ではない。在家であるが、若くして亡くなった天才思想家・前田利鎌《とがま》（1898〜1931）は、この面の追究に手を染めた著『臨済・荘子』を残しているので、禅宗僧侶は一読すべきであろう。

最後に、中国に対抗できる文化的な国であることを印象づけるために行った仏教庇護の聖人を作りあげる作業に触れておきたい。

厩戸皇子《うまやどのみこ》すなわち聖徳太子《しょうとくたいし》（574?〜622）の伝説化は、『日本書紀』の推古天皇の項から始まり、その後いくつかの伝説が作りあげられ、それらと中国の高僧伝や漢訳の経典などからの引用を加え、平安時代前期に成立した『聖徳太子伝暦《でんりゃく》』で骨格が確定したといわれる。

これらの聖徳太子伝記は、平安時代末期から鎌倉時代にかけて四天王寺、法隆寺、橘寺などの僧侶や信者によって広められた。また鎌倉新仏教の中でも浄土真宗は強い聖徳太子信仰を持っていたので一層全国に浸透していった。

ところが明治以降、近代歴史学が展開されるにつれ、聖徳太子がかかわったとされる「十七条憲法」「三経義疏《さんきょうぎしょ》」などは全て後人が作成したことが明らかになってきた。これらの研究においては重野安繹《やすつぐ》（1827〜1910）、久米邦武（1839〜1931）、津田左右吉《そうきち》（1873〜1961）らが先鞭《せんべん》をつけた。このような研究を受けて井上薫（1917〜2009）は

1942年から1946年にかけて発表した論文で、『日本書紀』の伝来記事を述作した人物は道慈《どうじ》（672頃～744）であるとした。今では、『日本書紀』の仏教関係記事は、道《どう》慈《じ》を始めとする留学僧が関与したことが確実視されている。

ところがこれらの聖徳太子論に反対した坂本太郎（1901～1987）は戦後、東京帝国大学と後の東京大学で日本古代史研究の方法を確立したので、古代史の権威と見られ、歴史教科書でも坂本説が採用されてきた。聖徳太子伝記の決定版的な書物は、坂本の『聖徳太子』（吉川弘文館人物叢書　1979）であり、いまだに大きな影響力を持ち続けている。しかし現在、坂本太郎の研究内容は、ほとんど否定されている。これらの研究史については、吉田一彦『古代仏教をよみなおす』（吉川弘文館　2006）にわかりやすく説明されているので、そこから2カ所引用する。

久米（邦武）は、また、母が厩の戸に当たって太子が生まれたというのは、イエス・キリスト生誕の話に影響されて創られた話ではないかと推測し、隋《ずい》唐時代の中国にすでにキリスト教の教説が伝わっていたことを説いている。さらに太子が慧思の生まれ変わりであるというのは、「鑑真和尚《がんじんわじょう》より起こりたる談なり」と論じ、この話の出所を推定している。

（77頁）

坂本は大変すぐれた学者であり、多くの重要な研究成果を残したが、その彼がなぜこのような論理性に欠けた議論を展開するのか。それは、聖徳太子に対しての深い敬愛の念によるのではないかと私は思う。その著『聖徳太子』は、全体が聖徳太子に対しての深い敬愛の念に貫かれて書かれている。それは近代的な装いを取ってはいるが、中世、近世以来の太子信仰の文化の流れを汲むところがあり、それが坂本から冷厳な歴史家のまなざしを奪ってしまったのではないかと私には思われるのである。(86頁)

このように聖人や仏教宗派の祖師伝説にも多くの説話的要素を含むことは私たち僧侶も心にとどめておくべきであろう。現在最も人気があるのは、高野山における弘法大師空海の入定《にゅうじょう》伝説であろう。空海は貞和2年(835)に荼毘《だび》に付された。このことは『続日本後記録』で明らかである。その後、高野山が火事で荒廃したのを再興するため、没後100年以上のちに勧進聖《かんじんひじり》たちが入定伝説を全国に流布し復興に寄与したことは歴史的事実として知られている。

このような説話ないし伝説は、どの仏教宗派も行っており、あくまで信仰の問題であり責めるべきものとはいえない。しかし、近代的な研究で明らかになった史実と従来続けられてきた伝説化したものを、どのように個々の僧侶が内面化するかは、我々僧侶自身に投げかけられた課題としなければならないだろう。

筆者は30年前以上昔に、偽古文書を作成し、とくに東北地方を騒がせた『東日流《つがる》外三郡誌』の虚偽性を世間に知らしめるため津軽地方を取材し、『だまされるな東北人』（本の森1998）をまとめ世に出した。その頃は、地方の時代が叫ばれ、中央の記録による日本史像を脱却し地方の英雄を顕彰しようという動きが盛んであった。その風潮の中で、津軽地方の夏の風物となっていた「ねぶた祭り」（弘前市では「ねぷた」）で、東北地方の制圧者だった坂上田村麻呂《さかのうえたむらまろ》を顕彰する「坂上田村麻呂賞」が大賞とされているのはおかしいのではないかとの論議が起こり、その名称は廃止されることになった。この動きに地方短期大学の教師だったと思うが、大変賛同したむねの文を新聞に寄稿したのを読んだことがある。その趣旨は、一度大和軍を撃退した阿弖流為《あてるい》こそ顕彰すべき地方の英雄であるとし、名称変更を大絶賛する寄稿文だった。

このような動きに対して、筆者は研究者がこのような底の浅い研究態度なのかとあきれたことがある。研究者なら、なぜ坂上田村麻呂を顕彰することになったのかなどの「ねぶた」の原点に立ち戻って、その歴史的背景を考察した上で現在の風潮を論じるべきであった。

確かに正統とされてきた『日本書紀』以来の歴史書は、〝勝てば官軍〟といった傾向のもとで編集されていることは紀元前の『史記』以来のことであり、近代の研究者なら誰もがおさえておくべきことなのである。同じように敬愛の念が強いためバイアスがかかった歴史観で聖徳太子伝記を残した坂本太郎の例が示すように、「権威者」の言っていることでも「おかしいことはおかしい」という姿勢で臨むのが本来研究者の取るべき姿勢であろう。同様に、僧侶も〝信仰〟と〝伝説〟の折り合いをどうとるかは難しい課題で真剣にたちむかうべきである。

『日本書紀』の場合で典型的なように日本（倭）の古代文化を考える際には、アジア的な視座とりわけ中国の江南地方とのかかりを念頭に置き、「日本独自」と考えたくなる姿勢はバイアスだとして自らを戒《いまし》めなければならないのである。

古代のミッシングリンク解明に参考となる江南文化圏の生業《なりわい》―あま―

疫病に関する「瘟《おん》」や「瘟神《おんじん》」などの言葉や、それを退散させるための儀式「儺《な》」などが江南地方から伝来したことは前述したとおりである。しかし、それ以外でも6世紀までに江南地方から流入した文化風俗はかなり多かったと思われる。そこで現在まで生き続けているものを若干取りあげて今後の古代から中世にかけてのミッシングリンク、つまり存在が予測されるものの解明の端緒《たんしょ》としたい。

まず、現在まで日本と韓国で続いている海に潜って魚介類を採取する「あま」を考える。広辞苑では「海人あまびとの略か」としている。現在では潜水して漁《りょう》に従事する人は、ほとんどが女性であるため「海女」と書かれる場合が多い。しかし、文献に最初に表れるのは『日本書紀』允恭《いんぎょう》（仁徳天皇第4子といわれる天皇名、5世紀中ごろの倭の五王中の済か？）十四年九月甲子条に阿波国長邑《ながのむら》の海人男狭磯《おさき》が、「諸《もろもろ》の白水郎《はくすいろう》にすぐれている」との記事である。これは天皇が淡路島に出かけ海底の真珠を採るため処々の白水郎を集めて採らせたがことごとく失敗した。その後男狭磯《おさき》が成功したものの直後に息絶えてしまったという内容である。

この記事については、筆者は『行政という暴力』（本の森　2019）で紹介している。その際この記事は、アワビなどを採集する仕事は男から女に移っていく過程を反映していると指摘した。この白水郎《はくすいろう》（漁師、あま）に関しての論文は鴻巣隼雄「古代『白水郎』表記の伝来と中国縁起」（『文学・語学』44　1967）、「我が国における古代白水郎の研究―主として中国白水郎の巫祝的生態に関する詩論―」（『国語と国文学』44－8　1967）があり、新川《しんかわ》登亀男《ときお》『日本古代史を生きた人々』（大修館書店　2007）で要点を紹介している。

そこでは、『新撰姓氏録《しんせんしょうじろく》』（九世紀初頭成立）によると、摂津国に韓海部首《からのあまのおびと》氏を名乗る人々が住んでおり、この集団は『日本書紀』に載る難波玉作部鯽魚女《なにわのたますりべふなめ》と韓白水郎嘆《からまのはたけ》の婚姻譚にある韓白水郎嘆の系譜をひくのではないかと推測している。さらに新川登亀男は鴻巣隼雄を引き、ミッシングリンクにかかわる口伝《くでん》を次のように紹介している。

そもそも、白水郎という表現は、中国の六朝時代にさかのぼってみいだすことができず、唐代詩や小説類に至って登場し始め、その使用は、むしろ日本のほうが古いのではないかとさえいわれている。しかし、会稽《かいけい》郡鄮《ぼう》県（浙江省）の白水郷の郎（男）が、よく潜水して竜王の宝玉をとってくるという伝承（のち小説化する）や、そのような潜水の生活に直接触れた日本の遣唐使、とくに斉明五年（６５９）七月に出帆して一時、北路をとりながら、暴風などによって会稽県（郡）に至った第四次遣唐使などによって、中国南方の海人たちの生活や風俗が日本に報じられた可能性があるのではないかとみるむきもある。もし、そうであれば、それは文字や中国文献からとられたものではなく、実際に見聞して、パイシュイラン（baisuilang）という音を耳から聞いて、白水郎と表記したのではないかという見方が出てこよう。（１６７～１６８頁）

中国で、白水郎という語句がやっと唐代になり詩や小説類に出てくるということは、潜水して魚介類を漁《すなど》る仕事は六朝期においてはあたりまえの仕事で注目されるものでなかったことを示すと考えるべきであろう。それゆえ公的な文献にはあらわれてこなかったと思われる。白水郎という表記が中国の南朝時代に見いだせないといっても、文字に記す必要がない存在だったことを考えるならば、南朝時代に恐怖だった疫病を「瘟」と新しい字を作った存在感とは格段の差があり、文字に記されていないことは不思議ではない。したがって、白水郎という表記の使用が日本の方が古かったかもしれないという論は、中国文化の日本受容の際に起きる日本人による好みから生まれた選別意識を軽視した考えかもしれない。

例えば中国における遊郭をモデルにした仙女たちとの交際を描いた唐の張鷟《ちょうさく》による『遊仙窟』が奈良時代に日本に伝わり大事に保存されていたのに、中国では早くに散逸し近年までその存在が忘れ去られていたという事績が典型的に示すように、日中では嗜好がまったく異なることを念頭に置かなければならない。

また新川は、浙江省会稽《かいけい》郡鄮《ぼう》県の白水郷の郎のことを紹介しているが、白水という地名にも留意する必要がある。白水は、泉の解字《かいじ》（字形を分析して字の意味を明らかにすること）でもある。そのため白水地名の所は、滝や吹き出るいずみの所が多く、したがって陝西省、四川省、甘粛省など川の上流一帯に多いが、もちろん浙江省や広東省などにもその地名は存在する。

しかし、文化的に注目すべきなのはどこの白水かという地理問題ではない。白水という言葉が透き通ったきれいな水という印象が強い言葉なので、主に淡水を指し（泉が特徴的な山に名づけられるときもある）海を指す言葉ではないことを注意すべきなのである。おそらく潜水するのが海だとしても、穏やかな内海的な場所だけしか白水とは名づけられない。それにしても中国の川は幅が広く、古代においてそこに潜る人を見た日本人は、瀬戸内海やリアス式海岸の内海と同様に捉えたであろう。そこで日本において、江南文化の影響を受けた人がそのような海に潜る「あま」を「白水郎」という先進地の言葉を使ったと思われる。

このような漢字使用は、天平4年（720）以後に一斉に編纂されたといわれる西海道「風土記《ふどき》」に集中的に白水郎が使われている。この点については、鴻巣隼雄が指摘しているように遣唐少録として唐に派遣された山上憶良が筑前国守となり「風土記」に影響を与えた可能性と、霊亀3年（717）に遣唐副使として入唐した藤原朝臣馬養《うまかい》（宇合）が西海道節度使や大宰帥《だざいのそつ》に就任したことと関係があるのではとしている。

しかし、白水郎という言葉は、『日本書紀』以降、潜水にかかわらない男（海人）の言葉となって流布したが以後使われなくなる。その原因として、すでに日本においては「あま」という言葉が定着していたこと、本場中国で黄河流域の文化が江南文化を圧倒してきて、そもそも潜水する漁師の存在が問題や話題にされにくくなったことがあげられる。黄河流域の権力者たちは、真珠のような小さなものより、もっと光輝く玉やもっと大きな奇岩を好むようになってくることも、その原因の一つとなっただろう。

時代は下るが、北宋末の文人皇帝として知られる徽宗《きそう》が作庭のために太湖（長江下流、江蘇省・浙江省にある湖）などを中心とする各地から産出する奇岩を集めたこと（このように船団を組んで輸送することを花石綱《かせきこう》という）は有名である。これは隋の煬帝《ようだい》以来続いて来た大規模な運河づくりによる交通網の発達があったからできたことである。

中国では、早くに消えた白水郎という言葉が日本でしばらく生き残ったことは、江南文化の影響の大きさを物語っている。そして江南地方では聞かれなくなった潜水に従事する人々の生業《なりわい》は、日本と韓国に「あま」として残っているので、今後、黄海を囲むような地域・江南地方、朝鮮半島西岸、西日本の潜水を生業とする人々の丹念な歴史的分析が必要であろう。これらの追究は、古代日本のミッシングリンク解明のためにも必要なのである。

古代のミッシングリンク解明に参考となる江南文化圏の風俗 ―男色―

かつて虎関師錬《こかんしれん》（1278〜1346）の詩や文の分析をしたが、その中で気になる文があった。それは彼の行状を門人の霊源寺龍泉令淬《りょうせんりょうさい》まとめた『海藏和尚紀年録』の正応5年（1292）の条である。そこの記事には、亀山上皇（1249〜1305）が寄せた並々ならぬ虎関師錬への恩愛が感じられたのである。そのとき、亀山上皇44歳、虎関は15歳であった。筆者は、この恩愛は「なにか男色を思わせるほどの親しさが感じられる」と『五山文学の世界　虎関師錬と中巌円月を中心に』（白帝社　2002）に書いた。

それ以来、男色と関係する寺院稚児の存在が気にかかっていた。当然ながらその疑問は、成人になっても髪を子供と同様の童子形にしている八瀬童子《やせどうじ》（天皇の死など朝廷の重要な儀式を担った）と、彼らの職能の権威化をはかるために利用した天皇との関係を強調するなどの問題などとつながってきた。そうするとさらに『日本書紀』に載る女装して熊襲を退治したヤマトタケルノミコトの存在が気にかかり、男色・女装・権威という言葉が、日本文化の特徴を示すキーワードの一つではないかと考えるようになった。

童子形と天皇などの問題は、日本史の分野で網野善彦が『無縁・公界・楽』や『日本中世の非農業民と天皇』（岩波文庫等）で非農業民と天皇との関係を新しい視点で提供し、今谷明は『室町の王権』（中公新書　1990）で天皇の権威についてこれまた新しい視点を提供した。これらによって天皇と権威との関係はかなり深められたが、どうも日本独自の形態追究という面が強く、アジア的な視点の中での日本人論の全体像と結びつけるには不十分だった。

こうしたなか井上章一『ヤマトタケルの日本史　女になった英雄たち』(中央公論新社　2024)が出て、男色・女装・権威(英雄)が一つの全体像を表してきた。さらに武田雅哉『楊貴妃になりたかった男たち〈衣服の妖怪〉の文化誌』(講談社選書メチエ　2007)で、中国における同性愛や性転換について知ることができ、次第に日本だけにはおさまらない性の問題が明らかになった。このような性の問題について筆者はまったく疎いので思案に暮れていたところ、三橋順子『歴史の中の多様な「性」』(岩波書店　2022)に出合い、この問題がインドを含めたアジア世界の中で捉えられているので大変有意義に感じた。

このなかで、とくに相公《しょうこう》(男色を売る女と見違えるような美少年)のことが古代日本文化のミッシングリンク解明とつながることを知った。「相公」は口語起源の中国近世の俗語・隠語ということである。三橋はその著の第12章「中国」で、305〜306頁にかけて、アジア的(より厳密には江南文化的)な視点から日本人のあり方を探求する糸口の一つを提供している。


客観的に見て相公はそれほど特異な文化ではない。すでに指摘してきたように日本の江戸時代の陰間《かげま》との強い構造的類似性や、現代日本のニューハーフや女装者のコミュニティと似ている部分がずいぶんある。男性から女性への性別越境文化として、またその商業化形態として、むしろ普遍的な側面が強い。（305頁）

相公の文化が、少なくとも北京においては、早く見ても18世紀後半から活発になったもので、河北文化圏に伝統的なものでなかったこと、そして、相公の産地が江蘇・浙江方面、つまり長江（揚子江）下流の江南地方だったことに注意しておきたい。両者を考え合わせると、相公の文化はもともと北中国（華北）の文化ではなく、江南の文化だった可能性が高い。

アジアには、現代世界で最大のサード・ジェンダーが、少なくとも実生活レベルでは世界で最も社会進出しているタイ、そして女装の建国英雄ヤマトタケル以来2000年に近い女装文化の伝統を持つ日本と、性別越境文化が存在する。

私は、それらの文化は孤立的なものではなく、本来同じ根を持っていると考えている。つまり（中略）汎アジア的な性別越境文化の回廊である。（中略）その仮説を構想したときの大きな穴、ミッシングリンクが中国だった。（305～306頁）

これら三橋の性別越境文化に関する論を見ても、日本の風俗・文化は江南地方を発信源とする黄海を囲む一帯に広がっていった流れを中心にして究明しなければならないことがわかる。これからは、日本の「独自性」にこだわらず、言語・生業・性などのあり方をアジア的（とくに江南地方中心）な視点で追究することが求められる。これからは、中国や朝鮮半島の歴史・文化に携わった研究者も黄河中心の文化にとらわれずに日本との関係を見つめ直すことが必要であろう。

第五章　アジア文化圏と日本文化
―日本文化の独自性とは何か―

日本（人）論の基底にある問題点

山口建治が言語学的な視点から古代日本におけるミッシングリンクを課題としたように、三橋順子は性別越境文化の面で中国南部（江南地方）の文化にミッシングリンクを見た。前章まで見てきたように、日本（倭）は5世紀から6世紀初めにかけて江南文化を集中的かつ多く取り入れたが、その後、遣隋使、遣唐使による黄河流域の文化を招来した。この北方文化は、広大な中国を統一した帝国なので、法整備が確立しているこうした大国と向き合うため、あるいは朝鮮半島の国々に負けないためにも日本（倭）では律令制度による国家体制確立が急がれた。

しかし、つとに流入していた江南文化は日本社会に定着しており、新たに加わった黄河文明はそれと混合しメランジュ状態になり、日本文化の土台を築いてきた。しかし、その中でも中国大陸や朝鮮半島とは異なる日本独自の性格を生み出す条件は、しぶとく日本社会の底辺として働き続け、次々と流入してくる先進文化を日本流に受け止め作り替えて現在の日本文化までつなげてきたのである。

このようなメランジュ状態を続け、それが重なりできあがった日本文化は、一見すると他国の文化と非常に異なるように見える。そのため今まで多くの日本論が日本の独自性を強調する形で生まれてきた。江戸時代の本居宣長は神道や国粋的な面から、明治以降、新渡戸稲造は武士道と儒教を中心にした日本文化を英米に紹介した。また鈴木大拙は、戦前から戦後にかけて欧米に「禅」と「念仏」を中心とした「日本的霊性」を説き、「ゼン（Zen）」を国際的な宗教として広める端緒をつくった。戦後はルース・ベネディクト『菊と刀』、土居健郎《たけお》『「甘え」の構造』、九鬼修三『いきの構造』、中根千枝『縦社会の人間関係』などがあり、さらにバブル経済期には日本経済のすばらしさ、最近は「日本のよいところ」、例えば精巧な技術製品、各地のグルメなどを特集したテレビ番組で日本の「すばらしさ」を紹介するとか日本論につながる「日本独特」の良さを強調する情報ついては枚挙《まいきょ》にいとまがない。さらにラインやフェイスブックなどＳＮＳの普及がこれに拍車をかけている。これは日本経済の低迷、国力の低下によって自信を失っていた日本人にとって「愛国心」が格別にくすぐられているからであろう。明治以降の近代における日本人論については、船曳建夫《ふなびきたてお》『「日本人論」再考』（講談社学術文庫　２０１０）がまとめて紹介しているので参照のこと。

今までに出された日本文化論は、ある一つの階級、例えば「いきの構造」では江戸時代の商人などの富裕町民層が対象の中心であり、鈴木大拙の『禅と日本文化』では、日本文化の特徴であるメランジュ状態の中から日本的文化を土着化させるのに貢献した平安時代の女性文学を否定するなど、土着的要素には否定的であったりする、すべて一面的な日本文化論だったといえよう。これらの出版物の特徴は、日本の近代性を浮き立たせようとしたものである。そのため日本人の土着的な思想を剔抉《てっけつ》しているとは言い難い。その点、李《イー》御寧《おりょん》著『「縮み」志向の日本人』（講談社学術文庫　１９８４他）は、古代から続いてきた日本人の嗜好につながる土着的な面を鋭く突いている。彼は扇子、折詰弁当、能面、紋章などの「物」に代表される縮み、絵巻、枯山水、盆栽、生け花などの自然に関係する縮み、人と社会に表れている様々な縮み、現代に表れている縮みなどを紹介し、最後に日本人が「拡がり」に弱いという面についてまとめている。「甘えの構造」については、そのような志向が日本だけではないことを指摘していて、土居の説はアジアの文化を見ないために独善的になってしまったことを述べている。

このような卓越的で具体例を提供している日本人論を引き継ぐ形で、やはり韓国の文化に詳しい伊藤亜人は『日本社会の周縁性』（青灯社　２０１９）で日韓両国の文化の根本的な違いを韓国の儒教的文化と比較して思想的面を深めて論理的に言及している。

ここでは、伊藤亜人著から鈴木大拙の説についての結論的見解を紹介する。

『禅と日本文化』といいつつも、日本文化の在来の意味世界や感性の世界を肯定的に捉えなおそうとする姿勢が見られず、仏教の経文で説明しようとする。日本文化は外部からの仏教・禅によって説明されるべき、あたかも内実の乏しいものの如くみなされているともいえよう。確かに、民俗文化の世界は体系的に言語化されておらず、これに対して東アジアで漢語によってテキスト化された儒教や仏教は、漢語の素養さえあれば欧米の東洋学徒にとってすら理解が可能となってきた。（63〜64頁）

伊藤亜人が指摘するように、言語化されていない文化を担うのが民俗学だが、従前筆者が指摘したように柳田國男は歴史的一局面で生まれたに過ぎない「いえ」制度を肯定し慈しむ感情が根底にあった。そのため古代から中世、近世、近代にかけて積み重なってきたメランジュ状態を理解しようとしないバイアスがかかっていたといえる。これは聖徳太子に対する敬愛の念が強いため科学的分析を放棄した坂本太郎と同様の傾向といえよう。

今後は山口建治が「瘟《おん》」と「オニ」との関連を追究して、古代日本におけるミッシングリンクを解明したような試みを各方面の学徒が持ち寄り深めていくことが期待される。そのためにもまず、李御寧《いーおりょん》のアジア的視座からの日本論に学ぶ必要がある。

李御寧の日本論における日本の「縮み」（自己に引きつける）文化

李御寧《いーおりょん》（１９３４～２０２２）は『「縮み」志向の日本人』で、今までの日本人論について次のように述べている。

日本で日本論がベストセラーになるということは、御神輿《おみこし》になるということを意味します。すぐ人々がそれを担《かつ》ぐお祭りがはじめられるのです。

それらの流行語は、新聞では見出しに、雑誌では巻頭座談会のトピックスに、また放送では時事解説者の合言葉として使われています。書き手にしてみれば、かなりアカデミックな講堂で作られた用語が、いつの間にか演歌の花道を通っているのです。

そのために、このようなお祭り騒ぎを通じてではなく、直接自分の眼で日本文化の素肌を見るということは、ほとんど不可能な状態にあります。自分も知らないうちに、「群衆と流行がつくりだした幻想の衣」というヴェールがかぶせられているからです。そんなわけで、私は小学校の子供となって、日本文化の裸身を見て論ずるという、小さな決心をしてみたのです。（講談社学術文庫本　10〜11頁）

彼は小学生のとき、日の丸と乃木大将の肖像画がかかっている植民地の教室で内鮮一体ということを教わったため、ろくに韓国人という民族意識すら持ったことがなかったというが、「私の文化なのだと強要された日本文化のうち最後まで同化しきれないもろもろの要素が強烈に私の頭のなかにこびりついていたのです。」（23頁）と述懐し、日本文化論を書き始めた動機を開陳している。

李御寧『「縮み」志向の日本人』は、「物で考える」日本人の特徴を的確に捉えている点で今まで出た日本人論のなかで最も秀逸な論調と思われる。「物で考える」という日本人の特徴は、筆者が第一章で中沢新一に関して述べた際に言及した『華厳《けごん》経』における観法の一つ「四法界《しほっかい》」の第四「事事無礙《むげ》法界《ほっかい》」が日本で重視されたこととつながる。

「四法界」（中国華厳宗の杜順５５７〜６４０の『法界観門』による）とは、真実の世界は四種類あるとして、第一「事法界」（現象の世界）、第二「理法界」（空の世界）、第三「理事無礙法界《りじむげほっかい》」（空の世界と現象世界とが融合一体化している世界）、第四「事事無礙法界」をあげる考え方である。

それまで仏教の一般的な観法の捉え方は、天台宗における空《くう》観、仮《げ》観、中《ちゅう》観の「三観《さんがん》」説のように、現象世界と空の世界、それを止揚した中の世界（華厳における理事無礙法界）の三種に分けるが、華厳では「理事無礙法界」をも突き抜けた境地、現象世界同士の融通無碍を説くのである。この「事事無礙法界」は、あくまで「空」や「理事無礙法界」を究《きわ》めた先にあるものだが、安易に流れると中世文学に大きな影響を与えた「天台本覚《ほんがく》思想」のごとき、自然美を観照して、そのなかにすでに仏法の真理が存在することを説く思想を生み出す。禅宗においても、日本曹洞宗の祖・道元が「現状公案《げんじょうこうあん》」（公案とは祖師方の言行録を修行者に示して問題とすること）を提起していることや、臨済宗においては、蘇軾《そしょく》（１０６３～１１０１）の「東林總長老《とうりんそうちょうろう》に送る」七言絶句が好まれているのは、現状公案的な世界、すなわち「もの」の一種である自然美という現象を重視するからにほかならない。

渓声すなわち　これ広長舌（仏陀の特徴とする三十二相の一つ、大きな舌）
山色　あに清浄身に非《あら》ざらんや
夜来　八万四千偈
他日　いかが人に挙似《きょじ》（述べること）せん

日本人禅僧に好まれたこの詩の作者は、自然をとらえる視点で我々と一見同じ感情を抱いていると考えてしまう。しかし、蘇軾においては、あくまで「非情説法」に過ぎず、自然との一体化を感覚的にとらえる日本人とは、いささか異なる。日本人と中国人の自然観照の違いは杜甫（７１２〜７７０）の「絶句」と若山牧水（１８８５〜１９２８）の短歌との比較で明瞭になる。まず杜甫の「絶句」五言絶句である。

江は碧《みどり》にして鳥逾《いよ》いよ白く
山は青くして花然《も》えんと欲す
今春　看《ま》のあたり又《ま》た過《す》ぐ
何《いず》れの日か　是《こ》れ帰年《きねん》
（高木正一『唐詩選下』朝日新聞社　１９５６の訓読による）

高木正一の解説を紹介する。

前半二句にまず、自然のエネルギーを最も充実した形で発散する眼前の春景を、均斉のとれた対句で詠ずる。韻は、下平の一先と二仙の通押。
大川の水は、碧玉のような深みどり色。その水面に浮かぶまっ白な鳥は、いよいよ白く、

目にしみいるようだ。山々は、わきあがるようなさ緑。その間に咲きほこる花は、火のもえたつように赤い。（中略）

さて、今を盛りの今年の春も、じっと見つめるわが目の前を、やがてはまた、次の季節へとうつりゆくことであろうか。

次に若山牧水の短歌を紹介する。

白鳥は哀しからずや　空の青海のあをにも　染まずただよふ

高木は、杜甫詩の白鳥を水面に浮かぶ白鳥と解釈したが、この鳥は大川の上を飛び去ったもので、その一瞬を切り取った場面をうたったと解釈する人もいる。短い漢詩は複数の意味に解釈できる素地があり難しい面もある。しかし高木が最後に説明している内容は誰もが共通する。

「又」という言葉の裏には、季節の変化に伴うおのれの生命の推移をおそれ、悲しむ感情がこめられていることを読み取るべきであろう。

つまりこの句は、ときの推移を客観的に凝視する姿勢があり、これに対し若山牧水の歌は、歌人が白鳥に同調し一体化する姿勢があり、これは李御寧《いーおりょん》が指摘（295頁以下）する「国引き文化」に相当する。つまり**日本人は、対象を客体化するのでなく、一体化を目指し自己の方に引き寄せて観照する傾向がある**といえる。

このような傾向は小説の分野でも同様に見られる。日中のほぼ同じ時代に共に左翼の立場の小説家として活躍した丁玲《ていれい》（1904～1986）と平林たい子（1905～1972）の小説を比較すると、丁玲は人物間の動きが中心であり、平林は自己の想いを中心に描いている。このような日中の小説における表現方法の違いなどを比較すると面白いと思われる。筆者は近年小説をほとんど読まないので、こういう面に関心のある人に深めてほしい。

「物」についての日・韓での考え方の差

筆者が1999年から始めた日本初の樹木葬墓地の実践は、自分自身が一関市の豊かな自然を活かして地域の活性化につなげようとの思いで発案実践したものである。この実践を通して自然と触れ合うと、平安時代の寝殿造りや鎌倉時代以降の禅宗庭園の底流に潜むものが浮かんでくる。それは、日本の自然は適度に手を加えると、浄土思想を説く浄土三部経の一つ『阿弥陀経』（仏教伝道協会で出版している『仏教聖典』参照）で説かれている世界そのものとなることが実感できるからである。水が澄み、気候が温暖で天（空）からは（落）花が舞い、さまざまな鳥の鳴き声が聞こえる日本の自然は、『阿弥陀経』で説く極楽浄土の世界そのものである。このような「もの」つまり自然の豊かさ（生態系多様性の高さ）があるから、日本人が彼岸《ひがん》浄土より此岸《しがん》浄土を重視したくなるのは当然とも思える。そしてその傾向は、自然からの恵み（生態系サービスの資源サービス）の享受が十分になされるにつれ高まっていくだろう。人間は生き物だから、食べることや子孫を残そうとすることについて他の生きものと異なることはない。したがって、生きるための必要条件である食料が得られたときに、自然の恵みをとくに意識するものだろう。

しかし、生きるための資源を与える「もの」である自然に畏敬と感謝の念を持つ感情は、縄文時代の人々のほうが現代人より強かったのではなかろうか。筆者はこのような生きるための原点から説き起こせば、日本人の文化的特徴が明確になると考えてきたのである。そのためにも樹木葬墓地の実践を通して韓国の自然と韓国人の思考方法についても現地で学んだことは非常に大きかった。

このような実体験から、より大きな日本と韓国の差異を明らかにした李御寧と、それに続く形で言及した伊藤亜人の論究は、全面的に肯《うべな》うものである。しかしながら、二人は学究の碩学であり、日本の自然に十分に触れていたとは言い難い。そのため日本の文化的特徴を見事に抉《えぐ》り出してはいるが、どうしてそのような違いが出てきたかの原点ないし源流については切り込んでいない。(ちなみに筆者が好む〝切り込む〟という表現も日本人的であることは、李御寧著の96頁参照)

筆者は、「もの」にこだわる日本人の特徴について以前から「そのみなもとはなんだろうか」と問い続けてきた。そのなかで山口建治の「鬼」論を見て啓示をうけ、やはり日本の文化を究明するためには自然とのかかわりを深く広範囲な分野から見つめなければならないと考えた。しかし、一方では「自然」による制約だけが人間社会の枠組みを決めているわけではないことも注意深く配慮しなければならない。こういう姿勢で、李御寧、伊藤亜人の論究を基本にして、私なりの「物で考える」という日本人の特徴を以下に述べる。

「もの」を重視する人の流れ

先に、紹介した神道家の荷田春満《かだのあずままろ》を引用した伊藤亜人は、その著『日本社会の周縁性』で、日本の古代から続く文化のメランジュ状況、とくに漢語と和語の重なり合いについて言及している。平安時代に確立した仮名とそれによる和歌こそ日本的土着思想がはっきりと姿を表してきたことを示す点で核心をついた的確な表現なので長くなるが紹介する。

仏教が経文によって大変抽象的で難解な道理を説き、また当時朝鮮を通して伝わった朱子学が同様に漢語によって社会倫理を説いたのに対して、荷田春満は日本土着の精神世界の真義がどこにあるか的確認識をもっていたといえる。荷田春満のこの指摘は、日本的な感性を重視する国学の中でも、その独自性が「物」による表現・伝達にある点を示した点で、たいへん明確なものであった。大陸伝来の普遍的観念的な世界と日本列島土着の生活世界との違いについて、つまり「漢意」と「大和意」の世界の差をこれまで明確に示した例はなかったように思われる。（中略）

大陸文明の影響に晒《さら》されて以来、列島の住民は多かれ少なかれ両者が併存する状況に置かれてきたといってよい。それはちょうど紀貫之が『土佐日記』で描いたように、京に帰任する船の上で漢詩と和歌が入れ乱れる情景からも推察できる。「漢意」と「大和意」が考察する状況は、その後も長く今日に至るまで日本人の知性と感性を鍛え上げてきたといってもよかろう。（84～85頁）

第一、第二章で山口建治が問題にした古代日本におけるミッシングリンクは、「瘟《をん》」という言葉で表された江南文化が、日本の音韻体系や女性を中心にした仮名文字文化の発生という土着化（日本化）傾向の強まりにより「おに」に定着していく形を示したのであった。

文化の流れは、人の流れによる。日本列島は地質学的には約１５００万年前に現在の位置に落ち着いたといわれるが、最終氷期が終わる約１万年前までは海水面が今より１２０メートルも低かったので、約30万年前から20万年前にアフリカを出たホモサピエンスが、2〜3万年前には日本列島にたどり着くことができたと思われる。そのことは徳之島のウンブキ水中洞窟遺跡（1万７０００年前から７４００年前までの生活痕跡が深さ25〜30ｍの海底で発見されている）などで知られる。これらアジア南部から渡ってきた人たちは、温暖化による海面上昇により対馬海峡の幅が広がり、列島と大陸との交流が容易ではなくなった（しかし縄文中期にはある程度、江南地方文化の影響があったと考えられる）ことで日本の生態系に合わせた生活習慣と文化を作り出す結果となった。これが約1万年続く縄文時代の基調である。海を渡って稲作をになう弥生文化が列島に到来したのも従来いわれていたより早く縄文時代中期には稲作が伝わっていたと考えられる。

今までは、単純に縄文文化に弥生文化が覆う形で混合して現在の日本人の原型が作られたと考えられていた。ところが鳥取市青谷《あおや》上地《かみじち》遺跡から古墳時代（3世紀中〜7世紀末）の人骨109体が発見され、ゲノム分析から縄文人、弥生人と別の現代人に近い遺伝子を持つ人々であったことがわかった。これらの人々は東アジア大陸から来たと推定されている。したがって、従来いわれていたように単純に縄文文化を弥生文化が圧倒し今の日本人を作ったという形でなく、絶えず日本列島に人々が押しよせて、それぞれが異なった気性、感覚、技術を持ちより融合していったのであろう。

このような次々と日本列島に到来した人々は、自分たちの持っている文化と日本の生態系に合う生業《なりわい》を見つけて生活するようになる。つまり、それまで持っていたすべての能力を活かして自然と折り合う関係を作っていくことを示している。当然集団と集団との出合いでは緊張が生まれる。そのような複雑な状況がしばらく続き、平安時代に至るまで、かなり激しいメランジュ状況だったと思われる。

しかし、このようなメランジュ状況は、以前から住み着いていた人々と新たに到来した人々との摩擦を引き起こしたであろうが、次第に異なる生活様式を互いに学ぶようになった結果、日本の生態系多様性の高さに順応し、次々と多様な生活手段を身につけていったであろう。そのためにも1万年も続く縄文時代の文化を知ることが日本文化の底流を考える上で重要になる。

縄文時代に盛んに作られた土器や土偶は、生きるために必要な食料を得るため、あるいは子孫が続くことを祈ること、それから指導者やシャーマンが強さや権威を示すことが目的だったことは疑いない。岡本太郎が縄文土器に芸術性を感じたように、縄文人もある程度の近代的な意味での芸術性を感じていたことはありうるだろう。しかし、彼らの主目的は当然ながら充分に食べることなどが主であり、芸術性の比重は副次的であろう。ところが、この副次的と思われる造形に注目すると、日本的文化の根底がおぼろげに見えてくるのである。

土偶の持つ意味はなにか？

2021年に晶文社から出版された竹倉史人《たけくらふみと》著『土偶を読む』は、サントリー学芸賞を受賞し、マスコミに大きく取りあげられ話題となった。この本の著者は考古学研究者でない経歴と、大胆に従来の〝通説〟「土偶は人体をデフォルメしている」という〝俗説〟を切り捨てたことが一つ目の話題性を提供した。彼は述べる。

そこかしこで目にする、この土偶＝デフォルメ説にも私は違和感を覚えた。まるでモダンアートのように、縄文人は自由気ままに人体をデフォルメして土偶を作ったというのである。そしてこのデフォルメ説は往々にして以下の結論を導く。すなわち、土偶は人間女性をモチーフにしつつ、それを抽象化してデフォルメしたフィギュア（傍線筆者）であるから、土偶の多様なかたちには具体的な意味はない——。

これは本当だろうか？　こうした〝通説〟は、私には途方もなくデタラメなものに感じられた。土偶のかたちには具体的な意味があり、それは決してデフォルメのようなものではなく、土偶の様式ごとにそれぞれ異なる具体的なモチーフが存在しているのではないか——これが土偶を前にした最初の私の直感であった。（23〜24頁、傍線は筆者）

筆者は、傍線部分の言句を除いてかなり的確な指摘をしていると思う。そして竹倉の著が注目を浴びたもう一つは、土偶の盛衰を説明した部分にある。

統計データと矛盾なく整合し、縄文中期に土偶を爆発的に増加させ、弥生期に土偶を劇的に減少せしめた〝事象〟とはどのようなものだろうか。

結論から言おう。

私はそれを「生業の変化」をおいて他はないと考えている（生業とは「生きるために行う仕事」のことで、縄文研究においては種に採集、栽培、狩猟、漁猟《ぎょりょう》などの食料獲得のために行う労働活動を指す）

大局的に言えば、土偶文化の盛衰は、縄文人の生業の変化―より具体的に言えば「炭水化物の獲得方法の変化」―に対応していると考えると、これまでみてきた統計データの推移を矛盾なく説明できる。(52頁)

筆者もかねてから「生業《なりわい》」が、文化を形づくる上で最も重要であると考えてきたので、竹倉の説は大局的にはもっともな点が多いと思う。しかし、従来の考古学研究の成果を十分に分析したうえで整合性をはかる努力と人々の交流の影響を考察する姿勢が欠けているうえに、独善的な表現と相まって考古学研究者の反感を買うのは当然と思われた。それが望月昭秀編『土偶を読むを読む』(文学通信　２０２３)である。個々の問題点の指摘は同書を読んで理解してほしい。研究者が竹倉の独善的で挑戦的な態度を怒《いか》った口吻《こうふん》(口ぶり、言い方)は、『土偶を読むを読む』の「検証のまとめ」に端的に表明されているので紹介する。

本書で検証した通り『土偶を読む』での読み解きは破綻している。
読者に対して誠実でない面や、過去の研究を都合よく利用した上に軽視し、時に読み間違え改変し、さらに敵視する姿勢ははっきり言って不快で、筆者は本書を書き、編するにあたり、「この先は通さねえぜフェイク野郎」(キングギドラ２００２)という気分でもあった。

「フェイク」なのは『土偶を読む』を持ち上げ、評価した多くの知識人にも言える。専門外の領域に踏み込み評価するのであれば、まずは自身がそのジャンルの専門外であることを前提とした上で評論すべきであるはずなのに、何もかもわかっているかのように振舞い、正しくジャッジできないような事柄でも、簡単に「正しい」と評価する。そこにも大きな憤りを感じる。（179頁）

望月昭秀の怒りは、筆者が偽書『東日流外三郡誌《つがるそとさんぐんし》』の「著者」和田喜八郎とそれを持ちあげてカルト歴史学の教祖となった古田武彦に対していだいた怒りを思い起こさせる。歴史の専門家でない筆者でもわかる虚偽内容を肯定する某大学の教授が、こともあろうに「融通の利かない」とまでいわれるほど「鈍」で「重い」と揶揄された「アカデミズム」を標榜する東北大学の卒業生で、しかも筆者の属した研究室近くの国史研究室（前身）の卒業とあっては怒り一入《ひとしお》であった。

しかも古田武彦とそのカルト仲間は、反対者に対して嫌がらせをするので、日本史研究者は、絡《から》まれると面倒なので誰もが反論するのも煩《わずら》わしいとして無視するだけであった。ところが、古田一派は、反論がないことを利用して自分たちの説が正しいのだと主張し、それを信じてマチおこしに利用する自治体も現れていた。それではいけないと立ちあがって筆者がまとめたのが『だまされるな東北人』（本の森　１９９８）だった。このとき専門家といわれる人々が、自分の研究第一で偽書の存在を放置し、社会的責任を感じていない姿勢に義憤を感じた。このような専門家にありがちな姿勢が、『土偶を読む』で表明されている専門家批判に市民が同調する一因になったのであろう。

しかし、筆者の少ない知見による意見だが、竹倉が「土偶を人体のデフォルメと見なす〝通説〟を否定したことはもっとも受け入れがたい点である。土偶の主要なモチーフは食べること、子孫繁栄であるが、その**祈りの精神を具象化する際に人体をデフォルメしたことこそ日本的嗜好**だと感じているからである。この点については長江文明との関連で後述する。

また『土偶を読む』を大きく評価した「サントリー学芸賞」の佐伯順子同志社大学教授の選評にも大きな違和感を抱いた。佐伯順子は次のように述べている。

「私は精霊が示す〝かたち〟を受け取り、縄文人たちと同じように、そこから目に見えない精霊の身体を想像した―縄文時代から降りてきたような霊媒を自認するような、著者の神秘性のことあげ。―　（『土偶を読むを読む』１７３頁）

佐伯の評は、オカルト歴史学を賛美した古田武彦を思い出させる。岡本太郎のように縄文土器や土偶の精神性を高く評価し、自分の作品に反映させるのは構わないが、近現代的な芸術・美術意識を以てストレートに縄文人の意識と結びつけるのには反対である。そのような傾向は、科学的研究からは程遠いもので、オカルト的嗜好の人々を喜ばせるだけである。

しかし、偽書とことなり今回は、堂々と表舞台で挑戦してきたので考古学研究者も反論しやすかったのではないか。ともあれ、専門家の批判のなかでイコノロジー（図像解釈学。絵画や彫刻などの図像に現れた主題を研究し、その象徴的価値を解釈する。：学研教育出版カタカナ新語辞典による）を否定している発言がなされていたが、筆者はその重要性を一定程度は認めなければならないと考えているし、一部は竹倉説が合致するものもあることも認めなければならないだろう。考古学専門家の怒りはもっともではあるが、次に紹介する谷口康浩の発言のように冷静な態度で研究を発展させてほしいものである。

考古学研究者のあるべき姿は、『土偶を読むを読む』で紹介している谷口康浩著『土偶と石棒』（雄山閣　２０２１）の次の文に十分に示されている。

谷口さんはまとめとして、土偶を作り出した人々の生産活動と社会構造の関係を考慮、文化の全体的な構造の中で考察する必要があるとし、「固有の地域文化を対象とした検討を個々に進め、しかる後にその系統的関係や文化的異同を明らかにしていくのが、望ましい研究の進め方である。地域文化をまたいだ、よりマクロ的な議論を進める際にも単純な形態的比較は危険であり、文化全体のコンテクストを視野に入れた上での比較検討がもとめられる」（谷口２０２１）と、書籍を締め、決して『土偶を読む』だけに向けられた言葉ではないにせよ、「単純な形態的比較」に釘を刺す。（１７２頁）

これほど真当《まっとう》な議論はない。しかし、門外漢から見ると、どこまでが「単純でない」形態的比較なのかという疑念も残る。原始・古代から中世にかけてのミッシングリンク解明のためには、多くの方面多くの角度から形態的比較を行い、仮説を立てて議論しあうことも素人には必要と思われる。

このような観点、つまり中国（とくに長江流域）、韓国の文化との比較でミッシングリンク解明を期待する素人として、次に日本文化の特徴である「もの」（単なる〝物〟ではない）を重視する源流について述べたい。

「鬼」を「もの」と読んだ日本人の意識こそ重要

『万葉集』では、「鬼」を「しこ」「もの」と読んだことは前に紹介した。このことから古代において「鬼《もの》」と読まれた存在は、次第に中国において死者＝鬼ということが理解されるにつれ、その存在に含まれている得体のしれない霊的な要素は「け」として分離し、「もの」の霊的要素の少ないと感じられる本体は、「物」と「者」に分離していった。しかし、漢字表記が異なる「物」「者」となったが、かつてすべての存在に霊的力を認めていた日本人の心情は依然として、その存在に霊的要素を感じる心性を残してきたのである。この点でいえば、46頁で引用した荒木博之の「(「もの」は) 超自然的な存在物 (聖・非聖)、あるいは時間的に恒常不変のものとしてとらえることのできる具象物、までを広く指示する言葉である。」と述べている点は日本人の心情を捉えている。

さらに「け」は、人間を含めた物体から息のように漂《ただよ》ってくる「プシュケー」(もとはギリシア神話で、エロスに愛された美女・プシケの名、そこから息や魂の意に) のようなものと意識されていたが、やがて武士階級の自立性が高まるにつれ、人間主体が自《みずか》ら意識して出す「け」のようなものの強さを自覚するにつれ、それを「き」と呼び「気」の漢語を当てた。したがって「気」の呉音は「け」、漢音「き」は、単に日本列島に到着した順の発音という意味だけでなく、公家などの貴族階級の世界と、武士階級の世界の人間意識の差異を表すものとなった。

さらに武士階級と共に女性や農民などの間で次第に文化的力が向上するにつれ、何かしら霊的な要素を持つと考えられた「け」もさまざまなバリエーションを生む。この点をわかりやすくまとめているのが赤塚行雄『「気」の構造』（講談社現代新書 1974）である。

> 「気」と「け」について
>
> かつて「気」は「け」といわれていたと先にいったけれど、「け」を「気《き》」として意識するようになるのは『太平記』前後の時代である。
>
> こんにち、病気というときは「気」とよむのに、「色気」というときはどうして「気《け》」とよむのか。ここらのちがいを考えてみるのも興味深い。実際に、「あの男にはその気《け》がある」というのと「あの男にはその気《き》がある」というのでは、全然意味がちがってしまう。
>
> かつての「け」は、「顕《け》」や「著《け》」や「化《け》」や「異《け》」や「怪《け》」、あるいは「疫《け》」にしばしば移行したが、「気《け》」と読むときは、こんにちでも幾分その名残りがあるのであって、「色気」にしても、ふわふわ漂ってくる感じで、その正体がつかめない。（45頁）

具体的な例を赤塚行雄は、「化」で紹介している。

> 『竹取物語』『伊勢物語』などをみてもわかるように、「化粧」は「けそう」と読んだわけで、この「化《け》」も「気《け》」であった。『源平盛衰記』においては、「気壮《けそう》」の用例がみえる。
> つまり、「化粧」は「気」を壮《さか》んにするものなのであり、『竹取物語』『伊勢物語』にみえる「化粧」のあり方をみても、「化粧」は神仏の前で身を浄めて、歌などをも詠んで、自分を「けし」状態、「気麗《けれい》」な、美しい状態にすることなのである。（44頁）

このように、和語においては、古い意味を表している漢字「気《け》」をそのまま使い、新しい派生的な意味の言葉として使うときに、「気《き》」のように発音だけが異なるようにしたりする。また若干ニュアンスが変わった状態を示したい場合、発音を変えないで別の漢字、例えば「怪《け》」字を使うなどで和語を成長させてきた。

言葉の成長における日中間の違いを見ると、中国では「鬼」で見るようにニュアンスの異なる派生的な状態を考える事態がおきると、「鬼」を上位概念の言葉とし、新しい概念のものを区別するために下位概念の漢字をつけた複合語を作ってきた。一方日本では、例えば「鬼」のように一つの言葉に異なるニュアンスの状態をそのまま当てはめてきた。したがって、当然一つの言葉に複数の内容が含まれることになる。その代表例が「鬼」だったのである。

「もの」でいうと、古代人は樹木・草本・岩・火山・動物などすべてに霊的な力を感じていたので、死者の霊から派生した疫病を表す「瘟鬼《おんき》」も「もの」の一種と考えたのであろう。その後、人々の文化力が高まるにつれ人間以外の存在を区別するようになり、人と他を区別して「物」と「者」とに分離させていった。

「鬼」については、中国のように上位概念と下位概念に区別して複合語を作ることを好まない倭人は、「瘟鬼」の「瘟《おん》」から「おに」と聞きなして利用し、漢字は漢語の上位概念「鬼」を使った。日本的「鬼」の誕生には、漢語と和語の発展時における構造的差異が関係していたのである。

「物」と結びつかない儒教の日本への影響

李御寧《いーおりょん》と伊藤亜人《あびと》は、儒教文化が根強い韓国との差異に注目し、見事な日本（人）論を提起した。韓国と日本とが明確に分かれたのは、韓国では儒教的な世界観が生活のすみずみまで浸透していったことにある。その世界観とは、儒教の根本聖典・四書五経の一つ『書経』旅《りょ》《ご》《う》契による「玩物喪志《がんぶつそうし》」である。その意味は、「無用のものをもてあそんで本心をうしなう」（角川『新字源』）で、その社会的影響については伊藤亜人を引用する。

（韓国の）文人社会において内面の精神性を重視した半面、外面ともいうべきものの中で手に採るべき物といえば書と筆硯であったといってよい。内面の精神性を豊かにするためには、物に気を取られないように身の回りにできるだけ物を置かないように努める。実際に上流士族社会の旧家では、男性の居所であるサランバン（舎廊房。住居における主人の居室で、客人の接待が行われる）には装飾的なものも含めて無用な物を置かないため、極めて清楚であった。（108頁）

韓国は唐の仏教文化盛んなりしとき仏教を取り入れた王建《おうけん》（847〜918）による高麗（918〜1392、朝鮮半島統一は931）は仏教を国教とした。高麗仏教は、僧道詵《どうせん》（826〜898）の進言などにより風水信仰と結合したものとなり、その影響は現代にまで及んでいる。その後、李成桂による李氏朝鮮になると仏教を排撃し儒教を国教としたが、禅では華厳と融合した形でしぶとく民間で信仰されて今に至っている。儒教的な精神は上流階級だけでなく社会の底辺まで浸透しているといえるが、一般大衆の間では仏教による念仏信仰、華厳と融合した禅、ならびに風水信仰が根強く残っていることも認めなければならない。

これに対し日本では、政治的な体制を作りあげるため、黄河文明の法的制度を多く取り入れたが、儒教の「礼」による儀式的なものは朝廷や神祇信仰の一部に取り入れられたにすぎないし、足利義満や徳川幕府も自分たちの権威確立のために一部取り入れたにすぎない。また禅宗僧侶とくに五山僧は、南宋（1127〜1279）の宋学の影響を受けた禅を取り入れたので、当然ながら儒教の影響を受けた。14世紀に活躍した虎関師錬は、朱子は禅を盗んだものと非難している。しかし、15世紀になると禅宗僧侶から儒教を専門にするものがあらわれ、それが江戸時代の儒学につながり、幕末の水戸学にもつながっていく。しかし、これらは日本文化の表層にすぎず、大勢は「物」を象徴とする「権威」による風潮が強い影響力を持ち続けた。

「物」が象徴となる根源を考える

縄文時代に突然タイムスリップした自分を考えてみる。筆者は、図工、幾何学が不得手で国語も嫌いだった。短距離走は早かったので、その面では何か集団で寄与できるものがあったかもしれない。しかし、家に籠って考え事をするのが好きな性格だったので山野に出て虫取りもしなかったし、魚釣りも好きにはならなかった。そのため山野に出て春の食材ヤマウドやミズ（ウワミズソウの地方名で山菜として東北地方では好む人が多い）を採り、秋にキノコ採り、クリ拾い、ハシバミなどの木の実類などを採取する能力はない。力仕事もだめだし、イタヤカエデから樏《かんじき》の爪を作り、アブラチャンの木を火であぶり上手に曲げて樏《わりご》（中に仕切りのついた容器）の輪を作ったり、つる類でかごを作る技術もない。縄文時代に生きるとすると、生きる力を持つ能力がある人についていくしかない。

幸い現代においては、そのような能力がなくとも生きていけるし、たまたま寺の住職になったため檀家の協力者を得て自分が考え出した樹木葬墓地を実現できたのである。おそらく縄文時代に生きていたら、山菜や他の食材を探し当てる能力のある人がトップになり、その人についていくしかなかったであろう。

日本の自然は、食材を見つけ出す能力と、食材を加工する技術があれば、ある程度の面積がある地域のなかで定住し、農耕をしなくとも生きることができた。青森県の三内丸山遺跡が如実にそのことを証明している。縄文人が作った釣り針など不器用な筆者にとっては驚くべきものだ。このような条件を考えると、縄文時代でもリーダー的な人が存在したことは疑いないし、その人は将来を占う能力がある人でもあっただろう。そういう人が、自分の力を神的な存在と結びつけ、トーテム的なもの、あるいは後に三種の神器につながるような象徴的な造物を作り自分の権威と一体化させていったと考えられる。

ただし、縄文時代の集落の人口はそれほど多くなかったと考えられている。したがって強力な王権とつながる権威の出現は生産力の高い農業生産、とりわけ小麦と水稲の栽培をまたなければならない。それをいち早く実現したのは稲作をともなう長江中流域であり、続いて黄河中流域の小麦作地帯であった。

土偶のイコノロジーと原初の権威象徴物との関係性

日本各地で出土する土偶は、それぞれの地域で希求された食料を中心として、子孫繁栄やそれらを生み出す宇宙的、根源的な存在を象徴する具象物として造形されてきたと思われる。その延長線上に、日本における三種の神器や太陽人の象徴としての天照大御神、あるいは八咫烏《やたがらす》などが生まれたのであろう。そういう仮定に立てば、長江流域で作られた権威の象徴と考えられている造形物と、日本における土偶との何らかのつながりも考慮すべきで、長江流域の造形物・玉器は大変参考になる。

第二章で長江文明との関係を述べ、5世紀から6世紀にかけての長江流域の文化で生まれた「瘟鬼」の「鬼」字と「瘟」の発音から日本的「鬼《おに》」が発生したことを述べた。しかし、それ以前から長江流域との交流は深かったと推測される。それは長江流域で稲作漁猟民が発達させた玉器に表われている。この玉器を作ったのは苗《びょう》族と見られている。黄河流域から進出してきた漢民族に押されて現在は中国においては雲南省、四川省に住むが、かつては広大な長江流域で稲作漁猟民として文明を発達させていた。現在の苗族の民俗風習は、昭和以前に日本で見られた風習と近いことは従前からいわれている。漢民族に押された苗族の一部が黄海周辺部に逃れたこともあろう。その流れが日本列島に影響を与えたであろうところは無視できないのである。それを知るために前掲書『長江文明の探求』に述べられている安田喜憲による「玉器文明」から重要な点を紹介する。

日本の玉器文化は、良渚《りょうしょ》文化が発展した時代に相当する縄文時代中期に、爆発的に盛行する。その背景には長江下流の長江文明の影響がきわめて高い。藤田富士夫氏は早くから、中国の**長江下流域に発生した玦状《けつじょう》耳飾り**が、日本に影響を与えたのではないかということを指摘してきた。とりわけ、富山県東北部から新潟県西南部の北アルプスの山々からは、良質の玉が産出する。富山県や新潟県からは、縄文時代中期以降のすばらしい玉の大珠が発見されている。(中略) 縄文時代中期に、天と地のかけ橋の山のシンボルとして玉を崇拝する長江文明の世界観が伝播した。そのことにより、玉器文化が縄文時代の社会に

急速に広まったのではあるまいか。（130頁）

このような玉器と山の関係を考えると、17頁で紹介した五來重の「鬼の原質が山神山霊であることが、鬼が山に籠るという概念のもとであった。」という民俗学者に多くありがちな思考がいかに単純であるかわかる。

また良渚遺跡群の反山遺跡から出土した玉琮《ぎょくそう》の四面は大地を象徴すると考えられている。その面に直径約二センチメートルの神獣人面模様が彫られているが、これについて安田喜憲は「この神獣人面模様は玉琮のほかにも玉鉞《ぎょくえつ》や冠形器・三叉形器など、王権のシンボルとして使用されたとみなされる玉器に彫像されていた。（中略）その人間の足先は三本指の鳥の足になっている。（131頁）

日本の山岳信仰においても、鳥は重要な役割を果たしている。熊野信仰におけるヤタガラス、白山信仰における雷鳥そして出羽三山信仰におけるカラスがそれである。出羽三山にはすでに鳥の羽の名前まで付いている。日本の山岳信仰においては、鳥は極めて重要な役割を果たしている。（133頁）

長江中流で起こった稲作中心の文明は、下流に伝わり稲作漁猟文化を生み、上流に波及して三星堆《さんせいたい》文化を起こした。三星堆は西との交流拠点でもあるので、西からもたらされた金を使う点で他と異なるが、青銅製品の「神樹」は、苗族が信仰する「フウの木」で作った「蘆笙柱《ろしょうばしら》」に似せて青銅で作りあげたと思われる高度な技術の賜物である。「蘆笙柱」を集落の真ん中に立てる風俗は、日本における長野県諏訪神社の祭礼・御柱《おんばしら》と通じる。さらに目が飛び出すような奇怪な青銅製のマスクは、日本における人面を形作った土偶とどこか類似点があるように感じられる。

目を強調するのは、稲作と密接につながっている。先に（32頁）先天易と後天易を述べた際、太陽を東に措定する先天易は稲作民の作ったものと推測した。この易の根本となっている五行思想をより深く考慮すると、長江文明の姿が浮かびあがってくる。

五行思想は「陽」の根本である「太陽」と「陰」の根本である「月」を基本に、火木土金水の五つの要素を宇宙の原子的なものと考えたものであり、そこから種々の事象に配当している。一番わかりやすいのは、木＝春・東、火＝南・夏、土＝中央・土用、金＝西・秋、水＝北・冬である。そこから派生した五事（人間が見たり聞いたりする行動）の「火」に相当するのは「視」である。つまり目は太陽の性質を持つと考えられている。

さらに生きものを五種にわけた「五虫」で太陽の性質（火の要素）は、「羽」つまり羽を持つ鳥類が当てられている。山から昇り山のかなたに沈む太陽の黒点にはカラスが棲むと考えられた連想と、太陽の沈む山に帰っていくカラスの性質から考えられたのであろう。

これらの傍証から日照を重要視する稲作農耕民だった苗族の文化が、目が突出した人面像を作ったと推測されるのである。日本の漫画や劇画で女子の顔をデフォルメして目を大きく描くのは、長江文明が作った文化の遺伝子がさせているのかもしれない。

このように太陽（日照）をことのほか重要視する文化は、稲作にとどまらずクリなどのみのりにも波及する。したがってクリの木など食料になる果実類を得るための樹木を選別して増やしていたと考えられる縄文人が、土偶などの造形物で目を強調した文化は、稲作農耕が日本に普及する前から根づいていたと考えるべきであろう。

生きものを見つめる日本人

日本列島では採集栽培により稲作農耕をともなわなくても十分に定住生活ができた。稲作が遅れたためかえって種々の生きもの（とくに食べられる動植物）を注視する文化が発達したと思われる。長江流域では早くから生産力の高い稲作が発展したため、こまごましたものはさほど注視する必要がなかったし、早くに黄河文明が政治的に圧倒したので日本と同様の「物」を大事にする文化は押さえつけられた。似た遺伝子を持ちながらも政治状況と生態系の違いが日本と中国の「物」に対する意識の違いとなった。

中国で生まれた儒教による政治体制を採用した朝鮮半島の国々では、中国以上に純粋培養的に「玩物喪志《がんぶつそうし》」（無用なものを過度に愛玩して本来の志を見失うこと）の文化を固守することになった。彼らからすると中国の制度に近いことが文明度が高いことを示し、日本とはレベルが違うということを見せつけるものでもあった。

これに対し、日本列島では、各地方の生態系に合った様々な食材をみつけたり、有毒のものや灰汁《あく》の強いものを上手に毒抜きし、灰汁抜きする技術を発達させた。このような雰囲気が覆っている社会では、**新しい食材や道具に興味を持ちやすい**。さらに春の山菜、秋のキノコ、サケなどの回帰性の魚、果実を実らせる樹木、草本類など、季節の変化動向に敏感にならざるを得ない。俳句が典型的なように季節の変化を見つめる心情は、食に対する飽くなき探求心が縄文時代から続いてきたから生まれたのである。食べもの探《さが》しに汲々《きゅうきゅう》としているときに、抒情的な発意がおきるわけがない。しかし、余裕が出てきたときに、季節に注目し食材などを探して家族を養ってきた日本人の心性は抒情的な感情表現を欲する。

このような環境遺伝子がテレビでのクイズ番組、グルメ番組の多さにつながるし、一芸に秀でた人を敬う感情を育てたのである。

生きものを見つめる国民性が好む造形物

食材を見つめる視線の細やかさは小さな生きものに対しても注《そそ》がれる。トンボや昆虫を見ていると、その動き、形態、模様などに魅了される人は少なくない。昆虫少年といわれる小学生、中学生が多いのも日本の特徴であろう。一方、「玩物喪志」の儒教精神が残っている韓国では、生きものに対する関心は薄い。筆者は韓国で案内された某博士に、町中に多くいて鳴き声もけたたましい鳥を初めて見たので、その鳥の名前を聞いたところ知らないといわれた。日本でいえばカラスのような存在なのに「知らない」とは大変驚いた。日本に帰ってから、その鳥はカササギで、日本でも北部九州には生息していると知った。カササギは気性が荒く、そのためカラスは町から追い出され郡部でわずかに見られるだけだった。

筆者は、昆虫少年ではなかったが、夏になると本堂前庭で数十匹のセミの幼虫が夕方になると地中から出てくるが、出る寸前の小さい穴を見つけて幼虫を捕まえ、家の柱などに移し成虫に脱皮するのを眺めていたりしていた。また裏庭には池があり、夜になり戸を開けるとゲンゴロウや甲虫類が電気の灯りに向けて飛んで来たりしていた。そのため生きものは身近な存在であった。母がまだ存命中の幼少期、早朝、夢うつつの状態で遠くから響くヒグラシの合唱を聞いた思い出は、35歳で逝去した母の思い出と重なるわびしくも懐かしいものだ。多くの日本人が、日本の自然、季節とのかかわりで何らかの思い出を語ることがあるのではないか。

樹木葬墓地を中心とするビオトープでは、多くの水生昆虫が棲息し、毎月、首都圏から研究者が来て調査しているが、彼らはゲンゴロウなどを見て可愛いという。筆者は格別思い入れを持たないが、いわれてよく見ると確かに可愛いと思うことがある。日本の自然環境で育てば、古代中世においても虫に関心がある人は当然出てきただろう。物語の世界で『堤中納言物語』の「虫愛ずる姫君」が表しているのは、貴族階級にはありえない忌避すべき虫を愛でる行為を揶揄《やゆ》するのが本意かもしれない。しかし貴族階級にはありえないことだが庶民の世界では格別珍しいことではなかったことをこの物語は反映しているのであろう。貴族以外の人で絵心のある人は、生きものたちを描いたり造形物を作ろうと思った人もいたに違いない。

おそらく小さな生きもの（動植物）を見つめてきた縄文人たちの観察力※は、土偶や土器類の模様などに生かされているのであろう。とくに稲作に限らず湿地に行きそこで貝や魚を取り、そこを開拓する際にはカエルとヘビに多く出合う。縄文人はヘビには怖さと霊的な力を、カエルには愛らしさを感じたに違いない。

※ 前述した灰汁抜きの技術やキノコの有毒、無毒を見分ける知恵、あるいは穀類、山野草などを上手にかつ美味しく食べるための工夫は、土器内の食材をどのようにしたら上手く熱が伝わるようにできるかなどの技術を発達させた。また土器が熱いうちに中の汁を捨てるためには取手《とって》が必要ともなる。このような工夫が土器形式の変遷につながってくると思われる。このような植物への関心の高さは、家紋に多く植物が使われていることに伺われるが、植物の家紋を一族の象徴とすること自体が日本の特徴といえる。海外では、王権の偉大さを示すために獅子や竜などの霊獣をシンボルにすることがあっても、植物を使うことはほとんどない。ただ、古代において宇宙を象徴する巨樹や釈尊の誕生、成道、涅槃を象徴する樹木のほかに釈尊が坐るときに使った草が聖なるものとされる例があるが、ほとんどは樹木に限られている。ところが仙台藩伊達家の支藩である一関藩田村家は、車前草《しゃぜんそう》（オオバコ）が家紋である。道路上にへばりついている草を一族の象徴とすることは外国人には考えられないことであろう。

このように長期間、自然とかかわる中で、日本人は食料をもたらす雨と日照（太陽）にかかわると考えた山の霊的力をヘビに見出した。エジプトにおけるコブラが王権の象徴になったように、とぐろを巻くマムシの姿は山に見立てられ、奈良における「三輪山説話」を生み出した。またマムシの常時開いている赤い目は太陽の象徴ともなった。

一方、降雨を予知すると考えられたカエルは恵みと愛らしさのシンボルとなり人々の心をつかんだ。このヘビとカエル、それに稲作が始まると水稲の上を飛び回るトンボと水田周りに出没するキツネが、日本人の「生きもの」と共生する生活文化を作りあげてきた。この場合、生きものの「もの」は、従前取りあげてきた〝霊的力を秘めている存在〟という意味である。

生きものを見つめる日本人の中で、芸術性を持っている人々は、絵でその能力を発揮する。12世紀から13世紀にかけて描かれた高山寺（京都市右京区）蔵の「鳥獣戯画図」は、漫画の元祖ともいうべき作品で、生きものたちが擬人化され世相を表した群像は見る人の心を和ませる。また岩手県平泉町の「柳之御所遺跡」からは、２０１４年に12世紀後半に描かれたと推測されるカエルの板絵が出土した。このような旺盛な絵心を持つ人々は、中世になると絵物語などで活躍し、さらに江戸時代になると画家にとどまらず、禅僧の仙崖義《せんがいぎ》梵《ぼん》などが洒脱な動物絵を描くような芸術世界を作り出した。

江戸時代の画家丸山応挙は「雪中竹梅狗子図」などで可愛い犬の絵を描いている。このような身近な動物を描く画家が多いのが日本の特徴といえる。また、ヘビやカエル、さらにはトカゲ、トンボなど、多くの両生類、爬虫類、魚類、昆虫類などの生きものだけでなく、水生植物まで同じ絵の中に描いた伊藤若冲《じゃくちゅう》（１７１６〜１８００）の「動植綵絵《さいえ》」30幅の一篇は驚くばかりだ。（可愛い動物の絵は『かわいい江戸の絵画史』株式会社エクスナレッジ２０２０

参照。動物絵画史は金子信久著『日本の動物絵画史』ＮＨＫ出版新書７１３　２０２４参照）

このような小さくて人間の役に立たない生きものを丹念に描くことは、『旧約聖書』創世記に見られる「神に近い人間は他の動物を支配できる」とする人間を中心にしたピラミッド形で動物の位置づけをする一神教の世界では考えられない。また中国における儒教中心の世界観でもありえないことで、これも縄文時代から続く日本における自然との向き合い方によるものと考えるべきである。

小さなものに可愛さを認める基底には、「一寸法師」の話に見られる小さなものに霊性を感じる心性にもつながる。しかし、この心性は日本だけのものでなく、「壺中に全世界を見る」という形で老荘思想にも見られるし、この応用編ともいうべきものに孫悟空が怪物の胃の中に侵入して懲らしめる「西遊記」の話がある。

ただし、老荘思想では抽象的な思考によって大と小の区別がないことを示すために小さいものを使うだけで、小さな草木、小さな虫たちを観察の対象にすることや、ましてそれらを愛《め》でるということはない。この点で伊藤若冲に代表されるようなすべての生きものに愛《いと》おしさを表現する姿勢は、もっとも日本の土着的な心性を表している。一方、怖いものの霊的力を感じる心性は、どのような発展を遂げたのであろうか。

霊的力を持つ「もの」を日本人はどう表現したか ―見立ての重要性―

日本で最大の霊的力を持つと考えられたのは、毒を持つハブとマムシである。縄文人もその力を恐れかつ敬うことになる。このヘビ信仰については民俗学者の吉野裕子《よしのひろこ》が、五行思想との関係を含めて深く言及している。１９７９年に出版された『蛇』は、１９９９年に講談社学術文庫で再販され増刷を重ねている名著である。以下、吉野の『蛇』から引用する。吉野は蛇の霊的力の源泉を二つあげている。

(1) まず蛇の形態が何よりも男根を連想させること。

(2) 毒蛇・蝮《まむし》などの強烈な生命力と、その毒で敵を一撃の下に仆《たお》す強さ。（55頁）

この蛇の強さは縄文人の信仰になり、土偶や土器にマムシを表す遺物が各地で出土している。長野県諏訪郡富士見町の井戸尻考古館所蔵の藤内遺跡出土の頭上にマムシを載せた土偶は有名である。（現在の諏訪神社の蛇信仰につながる石神信仰は、宮坂光昭『蛇体と石棒の信仰』参照）なお、この土偶の女性は蛇巫《へびふ》（蛇を使うシャーマン）と思われる。この蛇巫については吉野裕子著『蛇』の解説で村上光彦が『山海経《せんがいきょう》』の邦訳「蛇巫の山の上に人がいて、杯をもっ

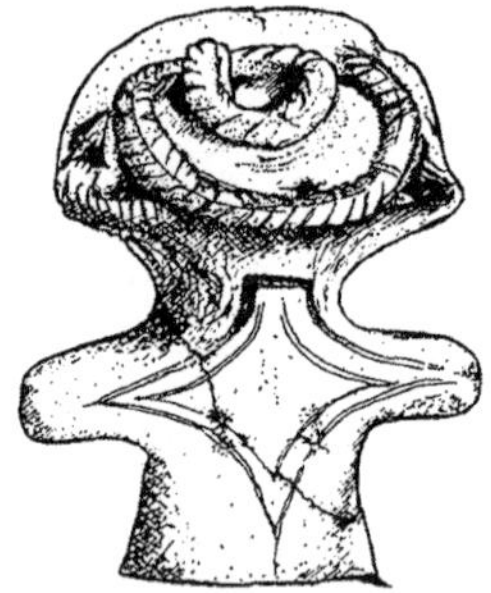

頭上に蝮を載せた土偶の後姿
長野県藤内16号住居址発見、縄文中期前半（宮坂光昭『蛇体と石棒の信仰』より）
吉野裕子『蛇』54頁引用

て東に向かって立つ」とあるのを紹介している。これから続々と発掘調査され、長江文明の姿がますますはっきりしてくる中で蛇信仰も明らかになってくるだろう。

縄文時代の素朴な力を示すフィギュアとしての土偶は、弥生文化になると次第に洗練され具体的な「もの」として作られてくる。具体的で洗練化された「もの」は、象徴性をました造形物となって様々な「物」として姿を表してくる。それらの造形物におけるイメージは「見立て」によっている。とくに霊的力が強い蛇に見立てて象徴化した「もの」についての研究は、吉野裕子の論述が優れているので紹介する。

多くの自然物の中で、際立って蛇に見立てられたものは樹木であり、その樹木の中でもその第一は蒲葵《びろう》であった。

蛇信仰のよってきたるところはまず蛇の形態であって、蛇の頭部およびその尾に及ぶすべてのかたちが男根を連想させる点にある。したがって、蛇に見立てられる樹木の第一条件も、やはり男根相似ということになる。そこで、下枝が分枝せず、幹が直立で、木肌そのものも蛇のそれに近い亜熱帯のヤシ科の植物、蒲葵が蛇に見立てられ、聖樹として信仰されたが、**おそらくこの信仰の担い手は南方から稲作を列島に持ち込んだ人々であったろう。**蒲葵は日本古典の中では檳榔の字が宛《あ》てられ、この木と混同されているが、古和名は、アジマサ、沖縄ではクバと称されている。（58～59頁）

蒲葵と檳榔とは別という説は疑問だが、この木は聖樹となったことは重要である。なぜならこの木自体を動かすことは難しいので、その葉が種々の聖なる催しや聖なる「物」として使われることになるからだ。吉野裕子は、「蒲葵の葵は祭屋を葺《ふ》く料となり、また、神事の扇となる。その乾燥して晒《さら》したものは繊維として簑笠《みのかさ》、腰裳《こしも》、その他、種々の代《しろ》とされたのである。」（59頁）としているからで、この中の「扇」は、李御寧が日本人の志向する「縮み」の代表的な六つのうちの一つとしてあった。李は日本人が獲得した文化の現象面は的確に捉えていたが、そのよって来《きた》る心性までは理解できなかったのである。

なお、引用した吉野裕子の文中傍線部分は、蒲葵が南方の樹木なので当然だが、氏は長江文明（江南文化）との関係には研究が及ばなかったようである。吉野は五行思想と日本の祭事について深めてくれたが、十二支に巳（蛇）と辰（竜）が入っていることの重要性にはふれなかった。十二支は、もとは植物の成長に合わせて作成されたもので、動物に当てたのは大分のちである。この時期の推定は難しいので疑問としておくが、十二支が大衆化して動物に当てられた際、黄河文明と長江文明との混合があったと考えられるのである。すでに三星堆遺跡においても竜が権威者の象徴となっていることから、かなり古い時代に黄河文明と長江文明との融合が始まっていると思われるので長江文明独自の文化を見極めることは難しくなっている。

蛇は、稲作をともなう人々が聖なるものとしたが、龍は北方系の文化が作った想像上の動物である。出世の関門は「登竜門《とうりゅうもん》」というように、黄河の竜門（山西省と陝西省の境にある滝）を登った魚は竜になると中国ではいわれていた。このようなことを考えると「聖なる蛇」とそれを象徴化した扇（扇子）、簑笠などの「物」が持つ聖性にもっと注意して土着的な日本文化を考えるべきであろう。

「見立て」好きが「物」好きとなる

霊的な「もの」を具象化した例として、吉野裕子はとくに「蛇」に「見立てた」植物一覧を前掲著62頁から63頁にかけて列挙している。大きく「静態（男根状）、動態（蛇行状）、蛇の頭相似、特殊例の四種に分ける。その中で静態にあげた中の一つ「蒲葵《びろう》」は独立して檜扇、紙扇、八手葉、鳥扇の葉、簑《みの》、笠《かさ》、脛巾《はばき》、縄、箒《ははき》としてあげている。その他、著書中には種々の蛇に見立てた呪物が紹介されているが、ここでは簑を取りあげる。氏は蒲葵の簑笠の例として、沖縄県石垣市川平《かびら》でニライの神に扮して部落を訪れる青年が、蒲葵の簑に身を隠して来るという風習について、地元の伊波普猷氏が「神が蒲葵の簑笠に身を隠して来る」と説明したのに対し、同意できないとして次のように述べる。

神に扮する人が蒲葵の簑笠を纏《まと》ってくるのは、ほかならぬ「蛇を着る思想」から出ている（中略）神は神秘そのもの、隠《かく》ろえるものであるから神が簑笠にその身を深く隠して来る、という発想は至極当然である。しかし、それは後代、人智の進歩につれて神の在《あ》り様、神の顕現に対する考え方、捉え方の変化に即応しての発想であって、より古い時代においては、台湾の高砂族の衣裳にみられるような蛇の紋様とか、蛇に似る蔓状の草木を身に纏うとか、あるいは蛇を象徴する蒲葵葉でつくられた簑笠を着けるとかして人は蛇と化し、堂々と現世の人々の前に現人神として現れたのである。（２０２～２０３頁）

普段は「隠《かく》ろえるもの」である聖なる存在は、特別な状況（特別な日、特別な舞台、特別な依り代となる巫女がそろうとき）において姿を現すと古代人が考えたとする吉野裕子の説は、「物好き」日本人の原点を的確に指摘しているのではなかろうか。現代でも絵馬に願いを書いて神社などに奉納したり、お守りを大事にする日本人の風習は、自身が意識しなくとも古代から続く呪物などの霊的な「もの」を身につけておきたいという遺伝子的な心性が根づいていることを証明しているように思われる。

このような縄文時代から続く聖なる「もの」（とくに蛇）のあり方を追究すると、平安時代後期に作られた『扶桑略記』を引用してなんでも「怨霊」ということばで説明しようとするむきの言及には疑問を感じざるを得ない。代表的な例を一つあげる。五來重《ごらいしげる》（1908〜1993）は（『鬼むかし』16頁で）『日本書紀』斉明天皇七年の条で「鬼」との関係で次のように述べる。

斉明天皇七年の条に、斉明天皇の葬儀にあたって、「朝倉山の上に於いて、鬼有りて、大いなる笠を著《き》て、喪《みも》の儀《よそほい》を臨み視《み》る。」とあり、これは『扶桑略記』同年の記事から見て、豊浦大臣《とゆらのおとど》（蘇我入鹿《そがのいるか》）の霊と見てよい。斉明天皇の重祚《じゅうそ》前の皇極天皇のとき、大化改新のクーデターに、入鹿が天皇の目前で殺されたために、その霊がしばしば天皇に祟りをしたからである。笠を著るというのも、死者を葬るのに笠を持たす、という死者儀礼が反映している。

75頁で指摘したように、山口建治による「怨霊」の語は、和製漢語のようだとの説を知れば、『扶桑略記』にある濃厚な怨霊観は天台宗によって作られたもので、それを基にした議論は筋違いである。また五來重は笠を着るという姿の原義を考えていない。ここでの鬼は「瘟鬼」としての「鬼」であり、それが笠をつけて姿を現したことが怪異だということにすぎない。平安時代、新しく天台宗によって作られた怨霊という言葉で飛鳥、奈良時代を語るのは慎重であるべきだ。

吉野裕子の「蛇」信仰についての論考で諏訪神社上社の「ミシャグチ神」の神体といわれる藁蛇の前で行われる「御頭《おとう》御占《みうら》神事《しんじ》」について、ミシャグジ神の依代《よりしろ》となる「剣先版」は台湾高砂族による蛇の頭部の造形と全く同じである（254〜255頁）としている。この先がとがった形は筆者が父の死後、檀家を調べるときに苦労したことを思い出させる。

父は、自分の頭の中で檀家を覚えていればよいとして、檀家名簿を作っていなかった。

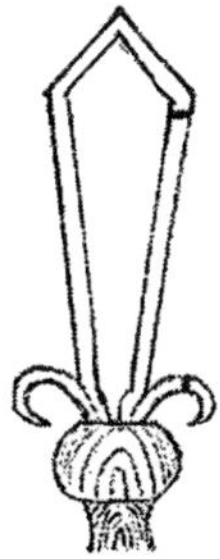
剣先版の図
吉野裕子『蛇』
264頁引用

そのため父の死後、檀家を調べるために墓地の墓石・一つ一つを調べざるを得なくなった。その墓石に刻まれた名前を手がかりに過去帳を照らし合わせれば檀家数がわかると考えたのである。ところが過去帳にない変わった墓石の一群があった。それらの墓石は、普通のものと異なり上部がとがっている。

あとでわかったことだが、当時、一関市には市営墓地も民間墓地もなかったので殿様の菩提寺で広い墓地面積があった祥雲寺は、比較的不便な場所を他宗教の人に貸していたのだった。先のとがった墓石は天理教の人々の墓石だった。つまり剣先版と同様、神道系の天理教では古代の蛇信仰につながる形を使用していたのだった。このように、現代にいたるまで蛇信仰の影響は残っているのである。

霊的力を持つ「もの」を何かしらありがたがる現代日本人の姿は、日本列島の自然の中で必死に命のもととなる食料を探すことから、「もの」を見つめる心性が養われた結果できあがったのである。そしてもっとも霊力の強いと感じた蛇、それに続くものとして狐、鹿、猪、猿、狸など多くの哺乳類のほか、蛙など両生類、「勝ち虫」としてあがめられたトンボを筆頭にした虫たちも日本人のあいだでは、大事な「もの」として存在し続けているのである。

終章　あいまいな日本を象徴する「鬼」
―日本仏教の果たすべき役割―

あいまいな日本仏教と肉食妻帯《にくじきさいたい》

私たちは殺生と肉食をかなり近い概念のことばとしてのニュアンスでとらえている。江戸時代に隠元《いんげん》禅師により黄檗宗《おうばくしゅう》が招来されるとともに中国式の普茶《ふちゃ》料理が輸入され、その影響で禅宗寺院を中心に行われている精進料理は、葬式法事の会食では普通のこととなり、肉食をしないことが仏教と思う人が多くなっている。しかし、インドで釈尊が活躍していたとき、出家者は肉の布施を受けていたし、上座部仏教（南方仏教）でも布施されたものは何でも食べてよいとする。日本でも禅宗の修行道場でも然りである。

下田正弘『涅槃経の研究―大乗経典の研究方法試論―』（春秋社　１９９７）によれば、仏教教団が肉食を忌避することは、インドにおいて、ヒンドゥー文化が確立していく中で下層カーストへの蔑視と食物の禁忌が確立していき、その影響が仏教に及んできたものとする。その影響から『涅槃経《ねはんぎょう》』『楞伽経《りょうがきょう》』などの大乗経典で肉食全面禁止の主張が生まれた。それにもかかわらず当初の肉食容認の空気は一部に残っていたので、『文殊師利問経《もんじゅしりもんきょう》』では「三種浄肉《さんしゅじょうにく》」（1．自分の為に殺されるのを見ない肉　2．自分の為に殺されたと聞かない肉　3．自分の為に殺したかどうかの疑念がない肉）の概念を作り出し肉食を容認した。

このような曖昧な状況のまま日本に仏教が伝来したわけだが、貴族を中心に死の穢《けが》れと血の穢れを忌む神祇信仰が強まるに従い、その不浄観が仏教の「不殺生戒《ふせっしょうかい》」と結びついて現在の「不殺生イコール肉食をしない」という通念をほとんどの人が持つに至っている。

動物を殺すのは可哀そうとする感情は、縄文人が小さい生きものに眼指《まなざ》しを向けていたときからのものである。ところが縄文人たちは一方で、いろいろな食物を食べる工夫をしてきたので、なんでも食べてきたという面も持ち合わせている。ナマコやフグなどを食べるようになったのは驚きだ。近年、テレビでグルメや旅番組の放映が非常に増えている。旅に出て美味しいものを食べることを紹介する番組は、経費があまりかからないこともあるが、いろいろな食材を追い求めてきた縄文時代から続く日本人の食に対する貪欲なまでの心性が、現代人の食に対する好奇心を揺り動かしているのではなかろうか。そのため、とくに食材を調理する役割を多く担《にな》ってきた女性に強く訴えかけているのではと思われるのである。

このような殺すことと食べることと愛《め》でることとの二面性は、日本で最初の殺生禁断令といわれるものの複雑性（屈曲性）を見るとより明確になる。『日本書紀』天武天皇四年（675）四月の条は次のようなものである。

今より以後、諸の漁《すなどりかりするひと》猟者を制《いさ》めて、檻《おりしし》穽《あな》を造り、機《ふみはなち》槍のごとき類をおくこと莫《まな》。また四月の朔より以後、九月三十日より以前に、比弥沙伎理・簗《やな》をおくこと莫。また牛・馬・犬・猨・鶏の宍を食ふこと莫。以外は禁の例にあらず。

「この条を近世以来、きわめて無造作にこの法令は本邦初の殺生禁断令だと理解され、またこれこそが仏教の不殺生の教義が日本社会に受け入れられた端的な証拠だと評されもした。しかし、条文を一瞥《いちべつ》しただけでそのような読みが妥当でないことは即座にわかろうというものだ。」とするのは、中村生雄『日本人の宗教と動物観』52頁である。

なぜなら、ここで禁じられているのは罠《わな》などの特定の猟（あるいは漁）の方法で獣や魚を獲ることであり、しかも罠漁の場合その時期を四月から九月までの季節限定としているからである。内容的にいってそれはどう考えても殺生禁断令ではありえず、季節限定の罠猟禁断令というべきものであった。それと同時に、肉を食べることを禁じるといっても、指定されているのは牛・馬・犬・猿・鶏の五種類にすぎず、「以外は禁の例にあらず」とわざわざ付け足しているように、むしろ肉食禁止をできるだけ狭い範囲にとどめようとする配慮が透けて見える。（52頁）

そして殺生禁断令の目的について次のように述べている。

要するに、これら殺生禁断令をとりまく一連の政策がめざしていたものは、一つには天変地異・気候不順が農作に及ぼす災厄を祓《はら》うことであり、一つには王室と朝廷にふりかかる凶事を排除して皇威の発揚を期待することであったと見てさしつかえない。いい換えるとこれらの施策は、ひろくは国土の清浄をたもって稲作を中心とする生産を確保し、せまくは宮廷・都城内を清浄にたもって王権の持続的な繁栄を実現するために施行されたのであった。そしてこのような清浄志向は、仏教以前の土着的神祇祭祀《じんぎさいし》のもとで重要視されていた「斎戒《さいかい》」の観念、すなわち、神々を祀《まつ》る場合、その祀りの場を清浄にたもつと同時に、祀りを行う人の心身をも清浄にたもつこととして、既存の心性であった。（54～55頁）

このような日本的な清浄観から血を見る動物への殺生を嫌う要素は各方面に波及し、仏教では魚などの放生《ほうじょう》で朝廷にお付き合いをし、貴族など上級階層では酒宍禁止令を守るという一時的な儀式である悔過《けか》的な行事を盛んにした。清浄観を重要視する支配層により血を扱う人々は穢《けが》れを担うものとして差別された歴史があるが、浄土真宗の「悪人正機《しょうき》説」などにより殺生《せっしょう》の問題は矮小化され社会的問題としては周辺化され現在に至っている。

一方、儒教的儀礼を重要視した朝鮮半島では、仏教の儀式においても動物の肉を仏前にあげる。かつて筆者が祥雲寺住職だったとき、在日朝鮮人の檀家が亡くなり葬式後の法要で仏壇に肉をあげても良いかと問われ許可したことがある。そのとき初めて日本と朝鮮半島の文化との違いを実感した。

中村生雄は動物供犠について、生《い》け贄《にえ》を受け入れる『旧約聖書』ルビ記に象徴的な西南アジア文化（食べる文化）と対照させ、次のように述べる。

（東南アジア諸国の稲作農耕民に伴う動物供犠儀礼は）西南アジア型での羊や山羊のように管理の徹底した家畜ではなく、農村内でルーズに飼育されている半野生とも見なせる生きものである。しかもそのときの供犠の中心目的は、農耕労働の節目々々の楽しみとして豚や鶏を屠殺《とさつ》してみんなで食べることであって、神のために自分たちの財産を破壊するというような自己犠牲的な意味はほとんどない。むしろそれは、日々の食の延長上にあって、その楽しみの度合いが大きいというだけのものだと思われる。（186〜187頁）

このあと中村は、アジア型の供犠を「共食の文化」と呼ぶが、日本の場合広くはその位置に含まれるものの、「ふるくから動物供養や草木供養を行ってきた日本が独自の贖罪解消法」を行ってきたことをふまえて、「稲作農耕と動物供犠がごく自然に併存している東南アジア諸地域と、その二つの併存をほぼ完全に拒絶している日本本土の状況との差異について、さらに具体的に考えていかなければならない。」（187頁）と結んでいる。

中村生雄が指摘するように肉食について日本のあり様は、中国、朝鮮半島と非常に異なるように見える。そのため中村が課題として提起したことは当然と思われる。しかし、筆者は表面上の大きな違いから日本独自の特質と見ることには反対である。民俗学者は、できるだけ日本の特殊性と見たいであろうが、筆者はやはり長江文明と黄河文明とのかかわりあいを考えないことには、課題が解決しないと考えている。

長江文明を作った苗族は黄河文明のもとで早くに雲南省、四川省に追いやられただけでなく、儒教的な文化を中心とする黄河文明の要素にも古い時代から触れている。つまり、かなり古い時代において、現在の日本における動物観のようなものを持っていたが、早くにその特徴が見えなくなっただけなのかもしれない。黄河文明は、北方遊牧民族の風習を早くから受け入れている。宦官《かんがん》の制度も、羊など動物を解体してきた民族であればこその風習であった。

三橋順子が相公《しょうこう》（手術をともなわない女性化）の文化は、江南地方の文化だと推測したように、南の文化は人体を傷つけることを嫌う傾向がある。このような傾向は日本における血を嫌う「清浄観」とつながるのである。中国は一つではない。政治的にはいまだに黄河流域が優越しているが、北と南の文化の差異は依然として存在する。我々は儒教中心の文化が圧倒した中国、朝鮮半島の文化だけを見てはいけない。したがって、日本における動物愛護のあり方は、仏教の「不殺生戒」の影響だと我々仏教徒は自慢してはいけない。それだけでなく形式的な放生会《ほうじょうえ》を行ってきた影響で、外来の魚などを川や池に放すことが良いこととして受け止められ、生態系の攪乱《かくらん》を招いていることを反省しなければいけない。

また私たち日本の僧侶も中国仏教、朝鮮仏教と同じく、江戸時代までは肉食妻帯しないのが原則だった。そこから外れるのは浄土真宗と修験道であり、そこに属する僧侶は半僧半俗として他の既成仏教教団僧侶とは区別されていた。ところが明治5年に出された「以後は肉食妻帯かってたるべし」との法令によって、すべての教団で肉食妻帯が行われるようになった。

このように法律によって簡単にしきたりを変えることは、廃仏毀釈運動で僧侶から神官に変わった例が多く出たように、日本仏教がリゴリズム（厳格主義）に欠ける宗教であることを明らかにしている。

日本仏教は、具体的な生活を制約する「律」を持たず、大乗戒によるものとしている。しかし、実際には生活の方向性を示す「戒」さえも有名無実になっている。それだけに僧侶自身が、自分なりの方向性（戒的な目標）をしっかり立て、社会にどう貢献するかが問われているといえる。

「もの」を身につけたい日本文化

縄文時代から我々の祖先たちは、霊的な「もの」を尊重し、権力者を筆頭に霊力が強い蛇などの霊的な「もの」を身につけたがった。それらは吉野裕子が述べた扇などの「物」であった。この気質は、李御寧が指摘する「内に引き寄せる」傾向を持つ「縮みの文化」と見られる文化的特徴として現前している。神祇信仰はその確立の過程で「隠れたもの」に霊性を感じる心性を日本人の間に育てたが、それでも古代から続く、霊的なものの一部でも良いから身につけたい、自分で所持したいという傾向が弱まることはなく、現在のお守りを好む文化につながっている。

この心性は、江南地方から集中的にもたらされた文化の流れで、道教的要素ともつながってくる。このことを示すのは日本中世における「起請文《きしょうもん》」を見ることで明らかになる。12世紀頃に形式が整ってきた起請文は、一揆などの誓約をする際に、起請破りを監視するために勧請《かんじょう》する神仏を列挙している。神仏といっても実際には日本の神が圧倒的に多いのだが、その点に言及している佐藤弘夫「日本中世のコスモロジーと道教の神々」（『日本文化に見る道教的要素』勉誠出版　アジア遊学73　２００５所収）は、日本人の基本的心性につながる特徴を指摘している。


神文《しんもん》に登場する数少ない仏の中で、その代表格といってよいものが東大寺の「大仏」である。起請文によっては、東大寺東南院の「薬師如来・十二神将像」や二月堂の「生身《しょうじん》観自在尊」を引いているものもある。石山寺の本尊の観音菩薩も起請文の常連だった。

ここに登場する仏・菩薩の種類はさまざまであるが、それらの間には一つの共通する要素が見られる。それは、大仏をはじめとするこれらの仏たちがいずれも仏像（彫像・絵像）として、日本国内の特定の場所に眼に見える姿をとって存在するものだったという点である。（中略）彼ら（日本の神祇・仏像・聖人・祖師・天部の諸尊）はみなこの現実世界にあって常に人々の言動に眼を光らせ、その行為に応じて恩賞と罰を下す存在と考えられていた。人々を畏怖せしめ厳格な応報を下すという任務は、他界にいる取り澄ました仏たちでは遂行不可能だった。その役割を果たすものは、その視線を常時リアルに実感できるような生々しい存在である必要があった。（30～31頁）

日本人は霊的な「もの」として、具象的な巨岩・奇石・巨樹や蛇などの霊力のある「物」を尊重し、しかも実際に眼で見て確認し実感できることを重視したのである。この傾向が本地垂迹説を招いた大きな素因であろう。

さらに佐藤弘夫は北条泰時の起請文から、「勧請されたリストの中に、北辰・北斗などの星宿や閻魔・泰山府君・司命司禄・五道大神など、明らかに道教とかかわりの深い中国伝来の神々が登場していることである。」（35頁）としている。五道大神は、山口建治『オニ考』70頁から言及している「五瘟神」であり、道教的な信仰が民間に根強く残っていることを表している。また、中世の人々は、どこから来たかの来歴にはかかわりなく、霊的な「もの」を重視する姿勢を持っていたが、それは縄文時代から続くものといえよう。

霊的な「もの」はすべて有難いものとする日本人は、キリスト教も同様に捉えた。したがって、一神教としての中核部分は無視し、クリスマスやバレンタインなどは祭りととらえて、信者でもないのに参加するのである。

また、霊的な存在すなわち「もの」の一つに人間もある。『日本霊異記《りょういき》』や『今昔物語集《こんじゃくものがたり》』などでは行基（668～749）などのカリスマ性のある僧侶が奇瑞《きずい》を表したり、それらの僧侶をけなした人に悪報《あくほう》（悪い報《むく》い）がおきたりすることが書かれている。一向一揆《いっこういっき》が織田信長、豊臣秀吉などに対抗しえたのも親鸞のカリスマ性を使った蓮如のカリスマ性があったからといえる。鎌倉新仏教の祖師たちは皆カリスマ性があったので祖師たりえたのである。このような傾向は、悪しくはオウム真理教の麻原彰晃につながる。

経済界も同様である。最近は一万円札の肖像となった渋沢栄一が「日本資本主義の父」としてカリスマ化されている。しかし、硬骨のジャーナリストとして知られる佐高信《さたかまこと》は『サンデー毎日』の「新人物診断」（2024・8 18～25頁）で、そのような風潮に厳しく釘を刺している。

私は（渋沢を）日本カルト資本主義の父だと思っている。それは〝社畜〟を作った社会教育団体の修養団の初代の後援会長だからである。

別の角度から斎藤貴男『カルト資本主義』（文春文庫　２０００）は、カルト資本主義として京セラの稲盛和夫、オカルトビジネスのドン船井幸雄、「万能」微生物と世界救世教、ヤマギシ会など八つの人と団体における物語をあげ、次のように述べている。

八つの物語は、いずれもニューエイジ運動あるいは「新霊性運動」と呼ばれる世界的な潮流の地域的現象として捉えることができた。が、欧米と違ってわが国の歴史風土はそうした潮流と実に相性が良く、新たな〝価値〟の体系が発生したのだと、私は考える。（４３２頁）

斎藤貴男があげた一人・稲盛和夫は、私が属する臨済宗の某寺院住職の弟子になり僧籍を取った。それ自体は問題ないが、彼はその立場を利用して岩手県に来て辻説法を行った。その際、辻説法の場所に檀家を動員してほしい旨の連絡が入った。私は馬鹿らしいので無視したが、本当にカルト資本主義の代弁者みたいな人だと思った経験がある。

このようなカリスマ性の高い人を褒めたたえ、また追随したくなる心性の根源は、「神の国」であることの素晴らしさを中国、朝鮮半島の国に示すために、聖徳太子伝説などの神話化で聖人・偉人を作ってきた流れと関係するのである。私たち僧侶は日本人である以上、日本の土着的ともいえる「もの」を崇《あが》める心性を知らず知らず身につけてきたことを理解しなければならない。それだからこそ、私たちは自分の頭で考え判断する科学的リテラシーを身につけなければならない。それは、「自燈明法燈明」の仏教精神につながるものでもある。そのためにも自分の足元（脚下《きゃっか》）をしっかり見つめる（照顧《しょうこ》する）ことが大事なのである。

一時、私の属する宗派の目標として「ものよりこころ」（「物より心」だったかも）ということがうたわれていた。民主党政権時代の「コンクリートから人へ」というスローガンを思い出される内容であった。おそらく「物欲を捨て、心を磨《みが》け」という意味合いであり「小欲知足《しょうよくちそく》」とほぼ同異義語の意識だったのだろう。

しかし、私は物と心を単純に二項対立的に捉えることに一種の危うさを感じた。すなわちこの標語は、日本における土着的な霊的「もの」に対する土着的要素（八百万の神々を信仰するありかた）を考慮していないので市民の気持ちにどれだけ寄り添うことができるのか疑問に思ったのである。

日本仏教は「生活仏教」といわれる。その是非はともあれ、生活と結びついている日本の自然を理解することなしに市民と寄り添う仏教には成りえないのではないか。

あいまい文化と具象性がある霊的「もの」を大事にする文化が日本文化の基底

日本の「鬼《おに》」は、もとは江南地方から流入した「瘟鬼《おんき》」であったが、和語の特徴から発音としては「瘟《おん》」を使い、字として表記する際は「鬼《き》」を使った。「鬼《おに》」となって以来、仏教の地獄の使いとしての存在や五行思想による「鬼門《きもん》」などさまざまな要素が「鬼《おに》」という字に付加してきた。現代になると、迷いの世界を十の階級に分けた仏教の十界《じっかい》思想の餓鬼界などにより、心の中の暗部を象徴するものとしての「鬼」も多く使われるようになっている。「鬼《おに》」は、このように日本語の成長に合わせてメランジュ状態を重ねてきたのである。この傾向は、経済と情報のグローバル化により、カタカナ語が押し寄せている現在にも続いている。

5世紀から6世紀にかけては江南地方、7世紀からの遣唐使による黄河文明、明治維新時代は西洋文化の流入など、大きな変動期に言葉と社会状況がメランジュ状況の坩堝《るつぼ》となったが、今もそのような状況にあるといえよう。

さらに昨今のグローバル化は、西欧におけるポピュリズムと右翼化をすすめ、かつてのナチスの侵略と同様のロシアによるウクライナ侵略や欧米の移民排撃を正当化する動きを作っている。日本は一見西欧とは一線を画しているかに見える。それは自由民主党が「鬼」

と同様の日本的性格を持っているせいなのである。つまり党内に西欧の右翼につながる性格を持つ勢力があり、それが力をつけてきても表面上は自由と民主主義を標榜《ひょうぼう》する顔を保っているからである。自由民主党は日本の土着的要素を持っているメランジュ政党といえる。そのため知らず知らずのうちに戦争に巻き込まれていった戦前の市民と同様、戦争に巻き込まれる体制になってきていることを理解せず、のちに自分たちには責任がなかったと言いだす状況を作る危険性がある。

このような土着的傾向は、自然から生まれた社会的特徴のあり方と密接に関係している。したがって私たちは自然を深く見つめ、そこから反射される社会のあり方、政治のあり方をしっかりと腰を据えて考えるべきである。私たち日本人は眼で見て、手に取ることで「物」に対する実感を得てきた。ところが最近はスマホなどによるバーチャル空間によって「実感」を得る人が多くなった。この空間は権力にとって都合が良い空間でもある。

自然と触れ合う機会が減ってきた現代人は「実感」さえ実体のないものに頼っている。そのためバーチャル空間の真偽を判断できない人々を多く生み出している。私たちは、自然再生事業を通して、市民が日本の自然と触れ合うことを多くできる地域づくりを試みている。今は、市民それぞれが「一隅を照らす」ことができるよう「一所懸命」自分のできることに努めなければいけない時代になっているのではなかろうか。

あとがき

この本の出版は私の遺言的なものとして書き残したいと発意したことに始まる。死を強く意識せざるを得なくなったのは、後期高齢者となる5カ月前に5時間半にわたる心臓の手術（PSVT）をしてから、副鼻腔、鼠径部ヘルニアの手術と続いただけでなく、門脈気腫で緊急入院、また2024年3月には一度手術したPSVTでの緊急入院と続いたことによる。

それ以前にも、49歳のときの脳内出血、56歳の脳下垂体手術と死につながりかねない病気をしたが、後期高齢者となってからの入院・手術は、四十代、五十代とはまったく異なる次元の感慨をもたらした。

さらにかつての研究者仲間の逝去が続いたことも大きい。私が自然再生の実践に注力して研究者的なことをあきらめかけていたとき励ましてくれた大学院での先輩・北村寧福島大学名誉教授、大学院での同級・山口建治神奈川大学名誉教授の死は、いずれも数十年ぶりに再会して間もなくの逝去だった。

また、この本の執筆が後半に入りかけたとき、聖和学園短期大学（仙台市）に勤務し始めたばかりのときに出会った教え子・英子さんが65歳で逝去した報を聞いたのも「私の時代はおわったのだなあー」という感慨をもたらした。

聖和学園短期大学は宗派に属さない通仏教をモットーとする女子短大であった。（現在は共学）仏教主義の学校ゆえ、週に一度勤行《ごんぎょう》の時間があり、三科からそれぞれ2名の仏教青年会の担当者を選ぶことになっていた。学生が積極的に参加するような性格のものではないので、各科の責任教員が半強制的に選んでいたと思われる。その中で保育科から参加したのが英子さんで、明るく朗らかで積極的に活動してくれた。僧侶である私は当然、仏教青年会の担当となっていたので、彼女に大変助けられた思い出がある。

このような死を意識せざるえなくなった状況の中で、一番に悔いが残っていたのは研究者としての残り火が燻《くすぶ》っていたことである。論文集『五山文学の世界』を出版して以来22年間、樹木葬墓地との関係で宗教、自然、地域づくりを対象とした本は出したが、自分の専門に若干でも近い分野のものは皆無であった。そこで最後に研究者であったことを残したいと考えて書き始めたのがこの本だった。

より切実に生前に書き残したいと考えたのは、山口建治神奈川大学名誉教授夫人・小枝さんから建治氏の本を30冊ほど譲り受けたことによる。実は『オニ考』は出版直後に寄贈していただきすでに読んでいた。その内容は私の考えていたことと一致していたので、自分が体験した自然から得た知見と今まで知遇を受けた多くの研究者からの知見を加え、ゆっくり本を出そうとしていた。樹木葬墓地を側面から支援する活動に忙しく、執筆に至らないでいた矢先に山口建治氏の訃報を聞くことになった。彼の死が、待ったなしの執筆活動に着手させたのである。

私の蔵書のほとんどは、市街地にあるかつて住職をしていた祥雲寺に残してある。手元にある蔵書は限られている。また、樹木葬墓地を管理する知勝院周辺の自然再生事業にたいして指示をしたりする関係で、市街地にある市立図書館を使う余裕もなかった。そのためデータベースなども使えず手持ちの本だけでこの本を書いたので厳密な意味での論文に近い本とはならなかったことを申し上げておく。

また論点を明確にするために引用した文章は長めに紹介し書名と引用頁を明記したのは、私自身が自分の本の整理ができないため、書名と頁数を記録して備忘録的な役割も果たす必要があったからである。

この本を書くにあたっての研究者としての姿勢をつくってくれたのは、退職前に亡くなった恩師・志村良治元東北大学教授によるところが大きい。また内容に直接かかわる点では、故山口建治神奈川大学名誉教授と小枝夫人に感謝申し上げます。

さらに書く力を導いてくれた北村寧福島大学名誉教授。儒教や韓国に関する知見では、権来順博士、中嶋龍藏東北大学名誉教授。民俗学では地名関係でご教授頂いた文化功労者谷川健一元日本地名研究所長、本を通してお世話になった吉野裕子博士。長江文明では安田喜憲元国際日本文化研究センター教授。自然再生では鷲谷いづみ東京大学名誉教授。地域づくりでは平山健一元岩手大学学長。その他多くの研究者から多大なご教示を受けたことに感謝申し上げます。

また聖和学園短期大学に在職中に、当時東北大学に研究留学のかたちで在籍していたボレー・セバスチャン東北大学准教授に週に一度、日本の葬送文化や民俗風習などをレクチャーしたことは、私の日本文化に対する知見を高める役割を果たした。聖和学園短期大学在職中には、専門の漢文を教えるより、日本文学や仏教といった専門外を教える時間が多かった。良い教師ではなかったので学生諸君には大変迷惑をかけたが、自分としては大変勉強になったことを感謝しています。

最後に、私が決めたことを黙って見守ってくれた妻・正子、樹木葬墓地を守ってくれる家族、知勝院役員、職員、自然再生事業を支援してくださる諸氏、出版に尽力してくれた㈱一関プリント社の社長菅野花子氏に感謝申し上げます。

著者紹介

千坂 げんぽう（ちさか・げんぽう）

1945年宮城県南郷町（現美里町）生まれ。翌年父の祥雲寺入山に伴い一関市で育つ。一関第一高等学校卒、東北大学文学部卒、東北大学大学院文学研究科博士課程（この間休学し松島瑞巌寺で修行）中退。聖和学園短期大学（仙台市）講師、助教授、教授などを務める。1984年祥雲寺住職就任。1999年日本初の樹木葬墓地を開創し知勝院設立し住職就任。2006年宗教法人格取得。2007年久保川イーハトーブ自然再生研究所を設立し所長。2011年知勝院住職退任。2014年祥雲寺住職退任。2009年法定協議会・久保川イーハトーブ自然再生協議会設立。会長として自然再生事業に取り組む。

祥雲寺は仙台藩の支藩、一関藩３万石・田村家の菩提寺。田村家は江戸屋敷で浅野内匠頭が切腹するなどの歴史と関わりがある。このため、住職となってからは、歴史を生かしたまちづくりに奔走。平泉の「柳之御所遺跡」保存運動以来、北上川を中心とした流域のあり方に注目。この活動から、日本初の「樹木葬墓地」が生まれた。

著書：『だまされない東北人のために－地域おこしにニセ物はノー！－』（本の森、2016年）『さとやま民主主義－生き生き輝くために－』（本の森、2016年）『樹木葬和尚の自然再生－久保川イーハトーブ世界への誘い』（地人書館、2010年）『樹木葬の世界－花に生まれ変わる仏たち』（編著、本の森、2007年）『樹木葬を知る本－花の下で眠りたい』（共編、三省堂、2003年）『五山文学の世界－虎関師錬と中巌円月を中心に』（論文集、白帝社、2002年）『だまされるな東北人』（共編、本の森、1998年）他多数。

鬼の変貌からさぐる日本文化論

―「もの」重視とメランジュこそ日本文化の基底―

樹木葬からの発信（上）文化篇

発行日　２０２４年12月18日

著　者　千坂げんぽう

発行所　長倉山　知　勝　院

〒０２１－０１０２

岩手県一関市萩荘字栃倉73－１９３

電話　０１９１－29－３０６６

発売所　本　の　森

〒９８４－００５１

仙台市若林区新寺一丁目５－26－３０５

電話　０２２－２９３－１３０３

印刷所　株式会社　一関プリント社

〒０２１－００３１

岩手県一関市青葉一丁目７－24

電話　０１９１－23－４５８６

落丁、乱丁はお取り替え致します。

ISBN978-4-910399-12-6